W0175318

hänssler

BILL BRIGHT

Natürlich weitersagen

Wie man andere zum Glauben einladen kann

Campus für Christus
Am Unteren Rain 2
D-6300 Gießen

Campus für Christus
Josefstr. 206
CH-8005 Zürich

CIP-Titelaufnahme der Deutschen Bibliothek

Bright, Bill:
Natürlich weitersagen : wie man andere zum Glauben einladen
kann / Bill Bright. [Campus für Christus. Übers. von Silvia
Lutz]. – Neuhausen-Stuttgart : Hänssler, 1990
(Edition C : T, Taschenbuch ; Nr. 262)
Einheitssacht.: Witnessing without fear <dt.>
ISBN 3-7751-1594-3
NE: Edition C / T

EDITION C-Taschenbuch Nr. 262
Bestell-Nr. 56.862
© Copyright 1987 by Here's Life Publishers, San Bernardino,
California
Originaltitel: Witnessing Without Fear
Übersetzt von Silvia Lutz
© Copyright der deutschen Ausgabe 1990 by Hänssler-Verlag,
Neuhausen-Stuttgart
Umschlaggestaltung: Büro für Kommunikationsdesign
Heidenreich; Mainz
Printed in Germany

Inhalt

Vorwort des Herausgebers

Dr. Bill Bright, der Gründer und internationale Leiter von Campus für Christus, gehört ohne Zweifel zu den Christen, die aus eigener Erfahrung viel über das Thema persönliche Evangelisation zu sagen haben. Aus meiner Beobachtung weiß ich, daß Bill Bright jede Gelegenheit nützt, um mit Menschen über den Glauben an Jesus Christus zu reden. Wenn er mehr als ein paar Augenblicke mit jemandem allein ist, dann sieht er darin eine Führung Gottes, daß er dieser Person das Evangelium weitersagen soll.

Er weist immer wieder darauf hin, daß es nicht spezielle Methoden sind, die Menschen zu Jesus Christus bringen, sondern allein der Heilige Geist. Dieser benutzt jedoch menschliche Mittel und Methoden, wenn diese glaubensvoll und von Liebe und Gebet begleitet eingesetzt werden.

Im vorliegenden Buch wird ein praktischer Weg gezeigt, wie man das Evangelium von Jesus Christus verständlich und wirkungsvoll weitergeben kann. Aus persönlicher Erfahrung kann ich bezeugen, daß die auf den folgenden Seiten gezeigten einfachen Schritte auch für uns Gültigkeit haben. Immer wieder finden Menschen zum Glauben, wenn ihnen das Evangelium anhand der dargelegten Schritte erklärt wird. Jedesmal wenn ich dachte, das sei doch zu einfach, und deshalb begann, die gleiche Wahrheit komplizierter auszudrücken, mußte ich bemerken, daß mein Gegenüber den roten Faden verlor und anstatt mehr weniger verstand. Ist das der Grund, weshalb sich Jesus selber so unübertroffen einfach und verständlich ausdrückte? Wer würde es heute wagen, die Frage »Wie sollen wir beten?« mit einem kurzen Modell-gebet (dem Vaterunser) zu beantworten?

Wir Mitteleuropäer müssen wieder lernen, einfacher zu werden, um es unseren Mitmenschen einfacher zu machen, das Evangelium zu verstehen. Auch in Westeuropa sind die Menschen Glaubensfragen gegenüber offener als je zuvor. Nur unser Stolz, unsere mangelnde Liebe oder unsere Menschenfurcht können es verhindern, daß sie die befreiende Wahrheit hören und erfahren.

Bei all dem gilt es zu bedenken, daß es letztlich das Gebet ist, das es dem heiligen Geist erlaubt, durch das biblische Wort Menschen von ihrer Sündhaftigkeit und von Gottes Liebe und Vergebung zu überzeugen. Zu der Frage, wie wir wirksam beten können, hat Bill Bright in der Reihe »Mitteilbare Konzepte« ein sehr hilfreiches Büchlein geschrieben. Aus diesem Grunde haben wir bei der Übersetzung des vorliegenden Buches die das Gebet betreffende Kapitel herausgenommen. Doch sollten wir uns immer bewußt sein, daß Fürbitte und persönliche Evangelisation eine geistliche Einheit bilden. Dazu ein Wort von Bill Bright: »Wir können uns allen möglichen Konzepten und Materialen widmen, und diese sind gewiß wichtig, aber wenn unser Dienst für Christus nicht aus einem Leben herauswächst, das mit Freude, Lobpreis und Anbetung gefüllt ist, werden unsere Lippen stumm sein und die Frucht unserer Bemühungen äußerst gering.«

Möge dieses Buch Sie und mich ermutigen, in unverkrampfter Weise die uns von Gott geschenkten Gelegenheiten zu nutzen, um unseren Mitmenschen von unserem Glauben, von der Freude und der Hoffnung zu erzählen, die uns erfüllt.

Hanspeter Nüesch

Vorwort

von Billy Graham

Bill und ich sind seit vierzig Jahren eng befreundet. Als Brüder in Christus sind wir beide fest davon überzeugt, daß die Welt heute mehr denn je für die gute Nachricht von Jesus Christus offen ist. Mehr Männer und Frauen, als man sich vorstellen kann, würden »ja« zu Jesus Christus sagen, wenn ihnen nur jemand zeigen würde wie. Und ich glaube, daß auch jemand von Ihren eigenen Familienangehörigen, vielleicht ein Nachbar oder ein Arbeitskollege oder jemand, den Sie erst noch kennenlernen, dabei ist.

Doch es gibt zwei Hindernisse, die viele Christen davon abhalten, anderen ganz selbstverständlich von Jesus zu erzählen: Angst und das Fehlen der richtigen Methode. In *Natürlich weitersagen* konzentriert sich Bill Bright auf diese beiden Hindernisse und zeigt Ihnen, wie Sie die Angst überwinden und Ihren Glauben überzeugend an andere weitergeben können.

Bei einer Welt, die so offen ist, kann es sich eine christliche Gemeinde einfach nicht leisten, sich auszuruhen und darauf zu hoffen, daß die verhältnismäßig wenigen hauptamtlichen Verkündiger des Wortes Gottes diese Aufgabe allein erledigen. Für die Erfüllung des wichtigsten Gebotes Christi, »Gehet hin in alle Welt und predigt das Evangelium allen Menschen«, ist jeder einzelne, der Jesus Christus seinen Herrn und Heiland nennt, verantwortlich.

Bill Bright hat sein ganzes Leben der Aufgabe gewidmet, anderen dabei zu helfen, dieser Verantwortung gerecht zu werden. Als Präsident und Gründer von Campus Crusade for Christ (in Deutschland und in der Schweiz: Campus für Christus) hat er mit seinen Mitarbeitern tausende von Studenten, ehrenamtliche Gemeindemitarbeiter, Regierungsangehörige und andere Menschen aus allen Gesellschaftsbereichen zum Glauben geführt. Sie veranstalten auf der ganzen Welt Kurse über persönliche Evangelisation, in denen Pastoren und Laien wirksame Methoden der persönlichen Evangelisation lernen.

In diesem Buch werden Sie entdecken, wie Gott den Gehorsam eines schüchternen, stillen Christen benutzte, um das Leben von zahlreichen Menschen auf der ganzen Welt zu verändern. Sie werden dieselben Methoden der Weitergabe Ihres Glaubens an Jesus Christus lernen, die sich für Bill Bright, seine Mitarbeiter und die Menschen, die ihre Kurse besucht haben, als so wirksam erwiesen haben.

Ich kann *Natürlich weitersagen* jedem Christen, der mehr Überzeugungskraft gewinnen will, wenn er mit anderen über Jesus Christus spricht, nur wärmstens empfehlen.

Einleitung

Haben Sie in der letzten Woche mit irgend jemandem über Jesus Christus gesprochen?

Im letzten Monat?

Im letzten Jahr?

Seit Sie Christ geworden sind?

Seit fast vierzig Jahren ist es mir ein Anliegen, Christen auf der ganzen Welt dabei zu helfen, ihren Glauben an Jesus Christus mit mehr Erfolg an andere weiterzugeben. Es macht mir zwar Mut, wenn ich sehe, wie viele Christen anfangen, anderen ohne Angst ihren Glauben zu bezeugen, jedoch zeigen unsere Umfragen, daß die große Mehrheit der Gläubigen bei ihrem Zeugnis für Jesus Christus weder Überzeugungskraft noch Erfolg hat.

Wir nennen in diesem Buch mehrere Gründe, die Christen davon abhalten, über ihren Glauben zu sprechen. Aber das Tragische ist, daß einem Christen, der es nicht schafft, seinen Glauben an andere weiterzugeben, ein großer Segen, den uns Jesus verheißen hat, entgeht: die tiefe Freude, die man erfährt, wenn man einem anderen Menschen hilft, neue, überströmende Kraft und ewiges Leben in Jesus Christus zu finden.

Die meisten Christen, mit denen wir sprechen, haben

den ehrlichen Wunsch, das Evangelium verständlich und erfolgreich weiterzugeben, aber ihnen fehlt die richtige Methode. Wenn Sie zu diesen Menschen gehören, dann habe ich dieses Buch speziell für Sie geschrieben, denn ich will Ihnen helfen, Ihren Glauben überzeugend weiterzusagen.

Die Prinzipien, die Sie in diesem Buch kennenlernen, haben sich bei den unterschiedlichsten Menschen als »erfolgreich« erwiesen. In Kursen über persönliche Evangelisation hat das, was hier beschrieben wird, auf der ganzen Welt viele Christen mit schlechten Gewissen in begeisterte Zeugen für unseren Herrn verwandelt. Jede Geschichte in diesem Buch beruht auf Tatsachen, auch wenn ich in den meisten Fällen die Namen der beteiligten Personen aus Respekt vor ihrer Privatsphäre nicht nenne oder geändert habe.

Wenn Sie die bewährten Konzepte, die auf den folgenden Seiten vorgestellt werden, in Ihrem Leben anwenden, wird es auch Ihnen leichter fallen, Ihren Familienangehörigen, Freunden, Nachbarn, Kollegen und Gelegenheitsbekanntschaften von Jesus Christus zu erzählen.

Ich bete für Sie – daß Sie durch das Lesen von *Natürlich weitersagen* mehr Überzeugungskraft gewinnen und eine neue Freude erfahren, wenn Sie mit anderen über unseren wunderbaren Herrn und Heiland Jesus Christus sprechen... und daß Gott Ihnen die Fähigkeit schenkt, viele Männer und Frauen zu Ihm zu führen.

Bill Bright

Präsident und Gründer von
Campus Crusade for Christ (in Deutschland und der Schweiz: Campus für Christus)

Sie können Ihren Glauben
überzeugend weitergeben

Wenn ich Ihnen zeigen könnte, wie Sie Ihren Glauben erfolgreich und überzeugend weitergeben können ohne andere abzustoßen oder ein Mensch zu werden, der Sie beim besten Willen nicht sein wollen, hätten Sie Interesse?

Zeugnis für Jesus Christus geben ist etwas, von dem wir alle wissen, daß wir es tun sollten. Von der Kanzel hören wir am Sonntagmorgen, daß wir Gottes Wort »überall und zu jeder Zeit« verkündigen sollen. In unseren christlichen Zeitschriften und Büchern lesen wir, daß unsere Nachbarn Verlangen nach dem Evangelium haben und ohne Jesus Christus sterben. In Gottes Wort lesen wir das Gebot, das Jesus selbst gegeben hat: »Gehet hin in alle Welt und predigt das Evangelium allen Menschen.«

Und doch schrecken wir häufig davor zurück, über unseren Glauben zu sprechen. Uns in das Leben eines anderen Menschen einzumischen, finden wir nicht nur gefährlich, sondern schlichtweg anmaßend. Wir haben Angst, den anderen zu beleidigen, Angst, abgelehnt zu werden, Angst, unseren Herrn nicht angemessen zu vertreten und womöglich sogar als »fanatisch« abgestempelt zu werden.

Also schweigen wir und beten, Gott möge jemand anderen benutzen, um den Menschen in unserer Umgebung, die Ihn nicht kennen, Sein Evangelium nahezubringen.

Wenn auch Sie mit diesen Ängsten kämpfen, dann ist dieses Buch sicher hilfreich für Sie!

Christen wie Sie und ich können lernen, unseren Glauben an Jesus Christus erfolgreich weiterzusagen. Ich will Ihnen von einigen erzählen.

»Es kam uns fast zu einfach vor«

Stefan und Sabine waren schon verheiratet, als sie Christen wurden. Sie wuchsen in ihrem Glauben und erfuhren in mehreren Schlüsselbereichen ihres Lebens positive Veränderungen, aber ein Punkt frustrierte sie: ihre Unfähigkeit, mit Menschen über ihre Beziehung zu Jesus Christus zu sprechen.

»Da schlug uns ein Freund vor, Kurse über persönliche Evangelisation zu besuchen, in denen Christen lernen sollten, mit mehr Erfolg über ihren Glauben zu sprechen«, erzählt Stefan. »Sabine und ich dachten: *Was können wir schon verlieren?*«

Bei diesen Kursen lernten Stefan und Sabine, anderen mit sehr einfachen Worten ihren Glauben an Christus zu bezeugen. »Es kam uns fast zu einfach vor«, sagt Stefan, »aber da sich diese Methode bei anderen als erfolgreich erwiesen hatte, beschlossen wir, es auch einmal zu versuchen.«

Bald hatte Sabine eine ihrer Nachbarinnen zu Jesus Christus geführt und traf sich regelmäßig mit ihr, um in der Bibel zu lesen und Gemeinschaft mit ihr zu haben. Kurze Zeit später erlebte Stefan, wie seine Mutter und Sabines Vater sich auch für ein Leben mit Jesus entschieden. Jetzt haben sie keine Angst mehr, ihren Glauben an Freunde, Arbeitskollegen und auch Menschen, die sie gerade erst kennengelernt haben, weiterzugeben. Sie haben Jesus Christus vielen Menschen nahegebracht, seit sie diese wenigen Stunden über persönliche Evangelisation besucht haben.

Vom schüchternen zum mutigen Zeugen Christi

Alfred, Hausmeister an einer Schule, erzählt, daß er die meiste Zeit seines Lebens schüchtern gewesen sei. Aber »Jesus hat vor einigen Jahren ein Wunder vollbracht« und ihm das Vertrauen geschenkt, das er braucht, um mit anderen über Jesus zu sprechen.

»Ich hielt mich vorher immer heraus und überließ anderen die Arbeit, Menschen für Jesus Christus zu gewinnen«, berichtet Alfred. »Aber 1980 führte meine Gemeinde einen Kurs über persönliche Evangelisation durch, und ich nahm daran teil. Einer der Männer dort, der meine Treue im Gemeindebesuchsdienst gesehen hatte, bat mich, ihn bei einem Gefängnisbesuch zu begleiten.

Ich ging mit, und im Gefängnis kam ich mit einem Häftling ins Gespräch. Ich fragte ihn, ob er nicht gern Jesus als seinen Herrn annehmen wollte. Er sagte ›ja‹, und das haute mich um! Ich erklärte ihm das Evangelium, und er wurde der erste Mensch, der bei mir tatsächlich Jesus in sein Leben aufnahm.«

Ein paar Stunden darüber, wie man ohne Angst von seinem Glauben sprechen kann, haben Alfred Mut gemacht, seinen Glauben zu bezeugen, und mehr und mehr wurde er von einem introvertierten Menschen zu einem mutigen Zeugen Jesu. Und sein Zeugnis hat Erfolg – das

Leben von zahlreichen Menschen in seiner Stadt hat sich durch Alfreds mutiges Bezeugen seines Glaubens hin verändert.

»Das Wichtigste in meinem Leben weitergeben«

Judith, eine Hausfrau, wollte ihre Nachbarschaft irgendwie für Gottes Liebe erreichen, aber sie bekam jedesmal Angst, wenn sie darüber nachdachte, wie sie dabei vorgehen sollte. Da bot Regina, – eine christliche Freundin mit Erfahrung in persönlicher Evangelisation – an, einen evangelistischen Weihnachtskaffee in Judiths Haus zu veranstalten.

Judith stimmte zu, hatte aber zu viel Angst. Regina mußte versprechen, daß sie nichts anderes zu tun hätte, als das Essen zu servieren. »Ich weiß nicht, wie meine Nachbarinnen das aufnehmen werden«, erklärte Judith nervös.

Als der Kaffee getrunken war und die Gäste schon aufbrechen wollten, ergriff Judith das Wort. »Darf ich noch kurz etwas sagen?« bat sie. »Ich wohne jetzt schon seit fünf Jahren hier und ich habe immer davon geträumt, Sie alle einmal zu mir einzuladen. Und ich habe auch davon geträumt, Ihnen von dem zu erzählen, was das Wichtigste in meinem Leben ist, und das ist meine Beziehung zu Jesus Christus. Und wenn ich jetzt nicht die Gelegenheit dazu bekommen hätte, hätte ich Ihnen das nie gesagt.«

Durch das ehrliche Bekenntnis von Judith wurden die anwesenden Frauen sehr bewegt. Als Auswirkung davon begannen sie, ihr Leben nachhaltig zu verändern. Judith war von einer Zuschauerin mit schlechtem Gewissen zu einer mutigen Bekennerin für Gottes Liebe geworden.

Gott vertrauen, daß er etwas daraus macht

Robert, ein Chirurg, unterrichtete jede Woche in einer Erwachsenensonntagsschule, war Drogenberater und hatte mehrere Menschen zu Christus geführt. Er besuchte einen Kurs über persönliche Evangelisation; »ich war ziemlich selbstsicher und ging mit der Einstellung in den Kurs, meine eigenen Erfahrungen an andere weiterzugeben, statt Hilfe für *mich* zu erwarten.«

In dem Kurs wurde gezeigt, wie man durch eine einfache, direkte Weitergabe des Evangeliums andere für Christus erreichen kann. Robert beschloß, jedem seiner Patienten von Jesus Christus zu erzählen. »Selbst wenn ich ihnen nur ein kleines Büchlein, das das Evangelium erklärt, schenke und ihnen sage, daß es für mein Leben wichtig geworden ist. Ich bekam einige erstaunliche Antworten.«

Von diesen Erfolgen ermutigt, beschloß Robert, dieselben Methoden auch anderorts einzusetzen. »Ich arbeite auch in der Drogenberatungsstelle meiner Stadt und berate Heroinabhängige. Vor dem Kurs erlebte ich nur seltene, zufällige Erfolge, wenn ich über Jesus als das einzige wirkliche Heilmittel sprach. Ich bemühte mich sehr stark aus eigener Kraft und scheiterte kläglich.

Nach dem Seminar beschloß ich, das Evangelium in einfachen Worten weiterzusagen und darauf zu vertrauen, daß Gott etwas daraus machen würde. Als ich einen jungen Mann fragte, ob er jemals über Jesu Worte nachgedacht habe, sagte er, er sei schon in die Kirche gegangen und lehne das alles ab. Aber als ich ihn fragte, ob er wirklich darüber nachgedacht habe, mußte er ›nein‹ sagen. Ich habe ihm von Jesus erzählt, und er betete mit mir und lud Jesus in sein Leben ein.

Auf meinen Rat hin kaufte er sich eine moderne Bibelübersetzung. Das weckte die Neugier seiner Mutter, und sie kam, um mich zu besuchen. Als ich ihr sagte, daß ihr Sohn Christ geworden sei, standen ihr die Tränen in den Augen und sie erklärte mir, das sei die Antwort auf jahrelange Gebete.«

Robert berichtet, daß er seit dem Kurs bleibende Ergebnisse sehe, wenn durch sein Zeugnis andere ›ja‹ zu Gottes Liebe sagen.

Die Nachbarin zu Jesus geführt

Katrin, eine junge Künstlerin, bekam einen netten Besuch von ihrer Nachbarin Susanne; sie kamen auf das Thema »persönliches Wertesystem« zu sprechen. Katrin erklärte, daß ihr Wertesystem durch Jesus Christus und die Bibel bestimmt werde.

»Darüber habe ich mir auch schon Gedanken gemacht«, erwiderte Susanne. »Aber es kam mir nie besonders real vor. Ich verstand unter Christentum nur ›christliche Fanatiker‹, aber du paßt in dieses Schema überhaupt nicht hinein.«

Nachdem Katrin einige grundlegende Kurse über Evangelisation besucht hatte, konnte sie ihrer Nachbarin in einfachen, nicht abschreckenden Worten erklären, worum es beim Christentum eigentlich geht. Noch in Katrins Wohnung nahm Susanne Jesus in ihr Leben auf. Sie und ihr Mann besuchen jetzt eine lebendige Gemeinde in ihrer Stadt und arbeiten aktiv in einem Bibelkreis für Ehepaare mit.

Kein »angeborenes Naturtalent« im Zeugnisgeben

Genauso wie bei den meisten dieser Menschen ist auch bei mir Zeugnisgeben kein angeborenes Talent. Einige von Ihnen können es vielleicht überhaupt nicht glauben, aber von Natur aus bin ich ein schüchterner, zurückhaltender Mensch; mit Fremden Gespräche zu beginnen fällt mir sehr schwer. Selbst die größte Botschaft, die je verkündigt wurde – »Denn Gott hat die Welt so sehr geliebt, daß er seinen einzigen Sohn gab, damit alle, die an ihn glauben, nicht verlorengehen, sondern das ewige Leben haben« – geht mir nicht immer so leicht über die Lippen, wie Sie vielleicht meinen.

So mag es unlogisch klingen, daß Gott mich vor fünfunddreißig Jahren damit beauftragte, um auf dem Campus der Universität von Kalifornien in Los Angeles ein kleines evangelistisches Werk ins Leben zu rufen, ein Werk, das später Campus für Christus heißen sollte. Unsere vorrangige Aufgabe ist es, über unseren Glauben zu sprechen und ehrenamtlichen Gemeindemitarbeitern, Studenten und Kindern in Kursen zu helfen, auch Zeugnis geben zu können. Ich weiß nicht einmal, ob ich die Geistesgabe des Evangelisierens habe.

Aber ich weiß, daß Gott es in Seinem Wort jedem Christen ganz deutlich sagt: »Gehet hin und machet zu Jüngern alle Völker... und lehret sie halten alles, was ich euch befohlen habe...« (Mt 28,19.20). Ich versuche, diesem Gebot zu gehorchen, und Gott hat meinen Gehorsam belohnt. Wie die Menschen, deren wahre Geschichten ich auf diesen Seiten weitergegeben habe, hat Gott auch mich persönlich verwandelt. Ich zögere nicht mehr ängstlich, wenn es darum geht, über meinen Glauben zu sprechen, sondern ich gehe vertrauensvoll voran.

Wenn Er das bei mir geschafft hat und bei Stefan und Sabine, Alfred, Judith, Robert und Katrin und zahlreichen anderen Menschen, die die wichtigen Prinzipien dieses Buches anzuwenden gelernt haben, kann Er es auch bei Ihnen tun.

Nie wieder müssen Sie Angst haben, daß Sie in einer Situation, in der Sie von Jesus reden wollten, in Verlegenheit geraten könnten.

Nie wieder werden Ihnen die entscheidenden Bibelstellen und Schlüsselgedanken fehlen, die Sie an einen interessierten Gesprächspartner weitergeben wollen.

Sie werden es immer natürlicher finden, ein Gespräch über Jesus zu beginnen.

Sie werden wissen, wie Sie mit Fragen, Ablenkungen und sogar Einwänden umgehen können.

Sie werden wissen, wie Sie einen Menschen zu einem klaren Bekenntnis für den Herrn Jesus Christus führen können.

Und wie Sie dem neu zum Glauben Gekommenen helfen können, in seinem neuen Leben mit Jesus Christus zu wachsen.

Wenn Sie jetzt denken: »Das mag für andere zutreffen, aber nicht für mich«, dann stehen Sie damit nicht allein da. In unsere Kurse kamen Tausende von Christen, die der festen Überzeugung waren, daß das nichts für sie sei: Es war zu einfach, sie waren zu schüchtern, oder »wir kannten ihre Situation nicht.« Aber sie kamen aus den Kursen heraus und waren davon begeistert, daß Gott auch ihr Zeugnis verändert hatte und sie von schüchternen oder selbstgenügsamen Menschen in überzeugte Boten Christi verwandelt hatte.

Gott kann das auch bei Ihnen tun.

Beten Sie beim Lesen ständig, daß Gott Ihnen zeigen möge, wie Sie diese Prinzipien auf Ihre eigene Situation übertragen können.

Beginnen Sie das, was Sie lernen, täglich anzuwenden, genauso wie die Menschen in diesem Kapitel.

Ich bin mir sicher, daß Sie von den Ergebnissen überrascht sein werden. Bald werden Sie trotz Ihres früheren Versagens oder Zögerns ein erfolgreicher Zeuge für Jesus sein.

Bald werden Sie ohne Druck und Angst über Ihren Glauben sprechen.

Der erste Schritt:
Liebe und Gehorsam

»Gehen Sie doch einmal mit uns in die Kirche«, luden mich meine Vermieter fast jedesmal ein, wenn ich sie traf.

Ich lächelte immer und dankte diesem netten älteren Ehepaar für die Einladung, um dann mit irgendeiner Entschuldigung aufzuwarten. Ich war selten in der Kirche gewesen, seit ich von zu Hause ausgezogen war und studiert hatte, und meine Sonntage verbrachte ich lieber mit Amateurfunken und Reiten.

Ich hatte in den 40er Jahren in Hollywood ein Geschäft eröffnet. Und dieses Ehepaar, das um die achtzig gewesen sein muß, sprach mich auf die wahrscheinlich einzige Art an, die es kannte.

Sie wußten nicht, daß ihre schwachen Bemühungen schließlich dazu führen sollten, daß ich Jesus in mein Leben aufnahm. Aber lassen Sie mich ein wenig weiter ausholen.

»Nur etwas für Frauen und Kinder«

Meine Mutter war Christin, aber mein Vater war nicht gläubig. In meiner Jugend, die ich in Coweta – im

Bundesstaat Oklahoma – verbrachte, versuchte ich, dem »Macho-Bild« meines Vaters und Großvaters nachzueifern und dachte, daß das Christentum nur etwas für Frauen und Kinder sei, aber nicht für Männer. Trotz meines schüchternen Wesens war ich fest entschlossen stark zu sein und mich nur auf mich selbst zu verlassen und dadurch alles zu erreichen, was ich wollte.

Als ich zur Universität ging, beschloß ich, Präsident der Studentenschaft und Herausgeber des Universitätsjahrbuches zu werden und als Jahrgangsbester mein Examen zu machen. Innerhalb von vier Jahren hatte ich alle drei Ziele erreicht. Ich war Agnostiker und wußte nicht, ob es Gott gab oder nicht und kümmerte mich auch nicht besonders darum. Ich glaubte: »Ein Mann kann alles, was er will, aus eigener Kraft erreichen.« Mein Vater und Großvater hatten mir diese Philosophie vorgelebt und ich hatte sie selbst an der Universität unter Beweis gestellt.

Aber mein Ehrgeiz war noch nicht befriedigt. Nach dem Studium wurde ich an der Fakultät der Oklahoma-State-Universität angestellt. Da ich auf einem Bauernhof aufgewachsen war, sollte ich eine Beratungsfunktion bei verschiedenen landwirtschaftlichen Projekten eine Beratungsfunktion übernehmen. Mir wurde ein Vielfaches meines tatsächlichen Wertes gezahlt, aber das war mir immer noch nicht genug. So materialistisch, wie ich eingestellt war, mußte ich mich unbedingt beweisen und wollte mehr erreichen.

In Los Angeles

Mir eröffneten sich mehrere Karrieremöglichkeiten, aber die attraktivste war, nach Los Angeles zu ziehen, wo ich schließlich mein eigenes Geschäft in Hollywood aufmachte. Hier lernte ich das nette ältere Ehepaar kennen, bei dem ich später zur Miete wohnte.

»Gehen Sie doch einmal mit uns in die Kirche«, luden sie mich immer wieder ein. Wir wohnten in der Straße, in der auch die Presbyterianische Gemeinde war, und dieses Ehepaar nahm allem Anschein nach voll Freude an deren Gottesdiensten teil.

»Wir haben einen großartigen Prediger, er heißt Louie Evans«, versuchten sie, mich zu überreden. »Sie werden Dr. Evans mögen.«

Ich konnte mir damals nicht vorstellen, irgendeinen Prediger zu mögen, aber Gott benutzte dieses Ehepaar und die Gebete meiner Mutter, um einen Samen in mich zu säen. Nach einem Sonntagnachmittag, den ich mit Reiten verbracht hatte, kehrte ich abends zurück – ich roch selbst schon wie ein Pferd – und beschloß, beim Abendgottesdienst vorbeizuschauen. Ich kam an, als das Programm schon begonnen hatte, setzte mich allein in die letzte Reihe und ging wieder, noch bevor der Gottesdienst zu Ende war, so daß mich niemand sehen – oder riechen – konnte.

So weit also zum Thema Kirche. Das dachte ich zumindest.

Anscheinend hatten aber meine Vermieter meinen Namen jemandem in der Studentenarbeit der Gemeinde gegeben. Ein paar Tage später erhielt ich einen Anruf von einer jungen Frau mit einer verführerischen Einladung:

»Bill, wir veranstalten eine große Party auf der Ranch von (sie nannte den Namen eines berühmten Filmstars) und würden uns freuen, wenn Sie auch kommen könnten. Wie wär's?«

Mir fiel nicht schnell genug eine Entschuldigung ein, also ging ich schließlich hin – und erlebte eine riesengroße Überraschung. In einer großen Scheune waren dreihundert junge Männer und Frauen beisammen. Sie machten einen glücklichen Eindruck auf mich und hatten viel Spaß – obwohl sie offensichtlich alle Christen waren. An diesem einen Abend zerbrach mein ganzes Vorurteil, Christentum wäre nur etwas für Frauen und Kinder. Ich hatte nie vorher solche Menschen getroffen.

Obwohl ich sehr viel damit zu tun hatte, mein Geschäft aufzubauen (»Bright's kalifornische Konfektionen«), fing ich an, die Versammlungen der Studentengruppe in der Gemeinde und die Gottesdienste regelmäßig zu besuchen. Meine Schüchternheit hielt mich davon ab, viele Kontakte zu knüpfen, und ich saß auch immer in der letzten Reihe. Aber ich hörte gespannt zu, was sie zu sagen hatten, und kramte meine verstaubte Bibel aus einer Bücherkiste heraus und fing an, selbst darin zu lesen und zu forschen.

Nur ein Weg zum Glück?

In der Gemeinde war eine ganze Reihe erfolgreicher Geschäftsleute, darunter auch ein prominenter Bauunternehmer, der öfter ein paar junge Leute zum Grillen in seinem Garten und zum Schwimmen in seinem Swimming-pool einlud. Bei einer dieser beliebten Einladungen fragten wir ihn über sein Geschäft aus und wollten wissen, wie es denn sei, so erfolgreich zu sein.

Seine Antwort erstaunte mich. »Im materiellen Erfolg findet man kein Glück«, sagte er bestimmt. »Es gibt in dieser Stadt genug reiche Leute, die trotzdem arm und beklagenswert sind. Jesus Christus kennen und Ihm dienen ist das, was zählt. Nur durch Ihn findet man wirklich Glück.«

Ich erinnerte mich, daß genau nach diesem Prinzip auch meine gläubige Mutter lebte. Aber irgendwie hatte sie es nie so in Worte fassen können, daß es meine Aufmerksamkeit geweckt und ich erkannt hätte, daß ich Ihn als meinen persönlichen Herrn und Heiland annehmen mußte. Aber sie lebte danach – und jetzt traf ich intelligente Studenten und erfolgreiche Männer und Frauen, die ebenso danach lebten wie meine Mutter und die außerdem gelernt hatten, über ihren Glauben zu sprechen.

Während der folgenden Monate beeindruckten mich Dr. Louie Evans' Predigten und seine Persönlichkeit immer stärker. Er stellte Jesus Christus und das christliche Leben auf eine so attraktive Weise dar, wie ich sie nie zuvor gehört hatte. Also war ich, um intellektuell nicht zu sehr hin- und hergerissen zu sein, gezwungen, mich genauer mit dem Leben Jesu zu befassen – und je mehr ich las und darüber nachdachte, desto überzeugter wurde ich, daß Er mehr war als nur eine große historische Persönlichkeit. Er war wirklich der Sohn Gottes.

»Wer bist du, Herr?«

An einem Sonntag im Jahr 1945 sprach Frau Dr. Henrietta C. Mears, Direktorin für christliche Erziehung in der Gemeinde, vor unserer Gruppe für Studenten und junge Erwachsene über Paulus' Bekehrungserlebnis auf der Straße nach Damaskus. Ich hatte diesen Bericht schon früher gelesen, aber Frau Dr. Mears machte ihn an jenem Abend lebendig, als sie von diesem ehrgeizigen Mann erzählte, der es sich zum Ziel gesetzt hatte, die Welt von dieser neuen Irrlehre, dem Christentum, zu befreien. Sie erzählte, wie Paulus (damals noch Saulus) von seinem Pferd geworfen (eine Situation, in die ich mich hineinversetzen konnte) und von einem hellen Licht geblendet wurde. Saulus fragte damals: »Wer bist du, Herr, und was soll ich tun?«

»Und das ist eine der wichtigsten Fragen, die man Gott überhaupt stellen kann – auch heute«, erklärte uns

Frau Dr. Mears. »Die glücklichsten Menschen auf der Welt sind diejenigen, die genau nach Gottes Willen leben. Am beklagenswertesten sind die Menschen, die Gottes Willen nicht tun.

Paulus machte sich selbst etwas vor, als er dachte, er erfülle Gottes Willen, wenn er die Christen verfolge. In Wirklichkeit verfolgte er nur seine eigenen Ziele, er war von seinem eigenen Ehrgeiz getrieben. Erst durch dieses dramatische Erlebnis auf der Straße nach Damaskus öffnete Gott ihm die Augen.«

Als Frau Dr. Mears sprach, fielen mir ihre Weisheit, ihr Mut und ihre Liebe auf. Sie war ein weiterer Beweis dafür, daß mein Vorurteil über das Christentum vollkommen falsch war. Sie sprach mit Autorität, und doch konnte ich spüren, daß sie für jeden ihrer jungen Zuhörer – ob Mann oder Frau – eine echte Liebe empfand.

»Heute haben nicht viele von uns so dramatische, emotionale Bekehrungserlebnisse wie Paulus«, fuhr sie fort. »Aber die äußeren Umstände sind nicht das Entscheidende. Was zählt ist, wie ihr mit dieser Frage: ›Wer bist du, Herr, und was soll ich tun?‹, umgeht«.

Sie forderte jeden von uns auf, nach Hause zu gehen, dort niederzuknien und Gott diese entscheidende Frage zu stellen.

Von Liebe überwältigt

Als ich in dieser Nacht in meine Wohnung zurückkehrte, erkannte ich, daß ich bereit war, mein Leben Gott zu übergeben. Mir war nicht richtig bewußt, daß ich verloren war, denn ich führte ein relativ gutes moralisches Leben. Ich hatte auch nicht das Gefühl, etwas zu brauchen. (Ich war natürlich verloren und brauchte auch etwas, aber das war mir damals nicht bewußt.) Was mich am meisten anzog, war Gottes Liebe, die ich durch mein Bibelstudium und durch das Leben der Menschen, die ich in der Presbyterianischen Gemeinde in Hollywood kennengelernt hatte, erfahren hatte.

In dieser Nacht kniete ich neben meinem Bett nieder und stellte die Frage, mit der uns Frau Dr. Mears nach Hause geschickt hatte: »Wer bist du, Herr, und was soll ich tun?« In gewissem Sinne war das mein Gebet um Erlösung. Es war theologisch nicht sehr tiefgehend, aber Gott sah mein Herz an, und Er verstand, was in mir vorging. Aufgrund meines Bibelstudiums glaubte ich jetzt, daß Jesus Christus der Sohn Gottes ist, daß Er für meine Sünden gestorben ist und daß Er, wie Frau Dr. Mears uns erklärt hatte, kommen würde, wenn ich Ihn als Herrn und Heiland in mein Leben einlud (Offb 3,20).

Obwohl nichts Aufregendes oder Bewegendes passierte, als ich betete, kam Jesus in mein Leben. Ihm die Frage »Wer bist du, Herr, und was soll ich tun?« zu stellen veränderte zuerst nicht sehr viel; wohl aber später, als ich in meinem neuen Leben und meiner Liebe zu Jesus beständig wuchs und mir immer stärker bewußt wurde, was für ein Sünder ich war und was für ein wunderbarer, vergebender Erlöser Er ist.

Später wurde ich dann zum Präsidenten der Sonntagsschule gewählt, und ich traf mich regelmäßig mit Frau Dr. Mears und den anderen Mitarbeitern, um gemeinsam mit ihnen zu beten und über Gottes Wort zu sprechen. Und obwohl es mir damals noch nicht bewußt war, säte Gott in mir den Wunsch, über das neue Leben, das ich entdeckt hatte, auch mit anderen zu sprechen.

Mein erstes Erlebnis als Zeuge Gottes

Aber Gott hat mir nie meine Schüchternheit von mir weggenommen. Vielleicht ist meine zurückhaltende Natur mein schwacher Punkt, denn wie mir mehrere Freunde gesagt haben, erwartet man oft, daß der Gründer und Präsident eines großen internationalen evangelistischen Werkes von Gott besonders damit begabt wird, daß er gut auf andere zugehen kann und ein geselliger Unterhalter ist.

Vielleicht wußte Gott, daß ich, wenn Er es mir zu leicht machen würde, von meinem Glauben zu sprechen, auf die Idee kommen könnte, daß es mein Verdienst wäre und nicht Sein Werk, wenn ich Menschen in Sein Reich brachte. Und so bin ich von Ihm abhängig – und genau das will Er von uns allen, ob wir schüchtern sind oder nicht.

Bei meinem ersten Erlebnis mit persönlicher Evangelisation war ich auf jeden Fall vollkommen von Ihm abhängig, denn ich stand dabei Todesängste aus. Es war Ende 1945, und ich erinnere mich daran, als wäre es erst heute morgen gewesen (ich vermute, wenn unsere Adrenalinproduktion auf Hochtouren läuft und uns das Herz bis zum Hals schlägt, können wir uns an bestimmte Dinge besser erinnern).

Bob war ein junger Geschäftsmann, der erst seit kurzem unsere Gemeinde besuchte. Als ich ihn kennenlernte, merkte ich, daß der Herr wollte, daß ich mit Bob über seine Erlösung sprach ... aber ich hatte keine Ahnung, was ich sagen sollte.

Vielleicht kann Herr Dr. Evans oder Frau Dr. Mears mit ihm sprechen, überlegte ich. *Sie können so etwas viel besser. Ich verpatze sicher nur alles.*

Aber ich konnte mich des unangenehmen Gefühls nicht erwehren, daß Gott aus irgendeinem Grund wollte, daß *ich* – und nicht Dr. Evans oder Frau Dr. Mears – mit ihm sprach. *Aber er ist intellektuell,* argumentierte ich, *und er stellt sicher Fragen, die ich nicht beantworten kann, oder er sagt »nein« und bringt mich damit in Verlegenheit.*

Es ist doch erstaunlich, wie logisch wir argumentieren können, wenn wir unseren Ungehorsam zu rechtfertigen suchen.

Diese Argumente fand ich damals sehr stichhaltig. Aber etwas erinnerte mich immer wieder an Matthäus 4,19: »Folgt mir nach; ich will euch zu Menschenfischern machen.« Ich begriff, daß ich einfach dem Herrn folgen und Ihm gehorchen sollte. Er übernimmt dann die innere Arbeit, die darin besteht, die Herzen der Menschen zu verändern.

Gott wies mich auch auf Markus 16,15-16 hin: »Gehet hin in alle Welt und predigt das Evangelium allen Menschen. Wer da glaubt und getauft wird, der wird selig werden; wer aber nicht glaubt, der wird verdammt werden.« Je mehr Vernunftsgründe und Argumente ich aufführte, desto mehr erinnerte mich der Heilige Geist daran, daß dieser Befehl Jesu Christi wirklich ein Befehl ist. Er läßt uns keine Wahl. Wenn wir Ihn lieben, gehorchen wir Ihm.

Also sprach ich mit trockenem Mund und pochendem Herzen mit Bob darüber, daß er Jesus Christus in sein Leben einladen sollte. Als wir einen halben Häuserblock von der Kirche entfernt in seinem Auto saßen, erzählte ich ihm meine Geschichte und zeigte ihm einige Bibelstellen, die verdeutlichen, daß der Mensch Gott braucht, und die erklären, wie man Jesus Christus als seinen persönlichen Herrn und Heiland annehmen kann.

Zu meinem Erstaunen war Bob von Gott schon so sehr auf dieses Gespräch vorbereitet, daß er gleich in seinem Auto mit mir betete und den Herrn Jesus bat, ihm seine Sünden zu vergeben und in sein Leben zu kommen.

Gott hatte besondere Pläne mit Bob. Kurz nachdem er Christ geworden war, gab er seine Stelle auf und besuchte eine Bibelschule. Er ist jetzt seit über fünfunddreißig Jahren Pastor und hilft zahlreichen anderen Menschen, auf Jesus zu vertrauen und in ihrem Leben mit Ihm zu wachsen.

Meinem Vater von Jesus erzählen

Durch diese erste Erfahrung wuchs mein Glaube so weit, daß ich anfing, für meinen Vater zu beten. Er war nie zur Kirche gegangen. Er liebte und achtete meine Mutter, die regelmäßig zum Gottesdienst ging und die Kinder mitnahm, aber er selbst wollte nichts mit der Kirche zu tun haben.

Ich liebte meinen Vater und wünschte, er würde erkennen, was ihm entging. Also legte ich im Frühjahr 1946 den ganzen Weg von Kalifornien nach Oklahoma zurück, um mit ihm zu sprechen.

»Dad, ich habe etwas entdeckt, das mein Leben vollkommen verändert hat«, begann ich. »Und ich würde dir das gern erzählen. Einverstanden?«

Aus seinem Gesichtsausdruck konnte ich Neugier, aber gleichzeitig auch Vorsicht herauslesen. »Warum, sicher, ich denke schon«, erwiderte er.

Als wir im Wohnzimmer saßen, wurde ich nervös. *Was denkt er wohl tief in seinem Inneren?* fragte ich mich. *Wird es ihn stören, wenn sein Sohn ihn so direkt anspricht?*

Ich hatte seit Monaten für ihn gebetet, und jetzt sandte ich ein schnelles Gebet um Hilfe zum Himmel. *Herr, jetzt gibt es kein Zurück mehr! Hilf mir, meinem Vater klar und überzeugt von dir zu erzählen. Und öffne sein Herz für deine Führung.*

»Du weißt, Dad, daß ich immer irgendwie gemeint habe, daß Mutters Religion schon gut für uns sei«, begann ich. »Daß die Kirche für unsere grundlegenden moralischen Werte gut sei, aber nichts, das einen wirklich persönlich angeht.«

Mein Vater nickte, immer noch vorsichtig abwartend, worauf ich eigentlich hinauswollte. »Wir haben beide alles getan, um dich gut zu erziehen«, sagte er.

»Ihr habt mich auch gut erzogen«, lächelte ich. »Und ich bin dir wirklich für deine Liebe und Wegweisung dankbar.«

Wir plauderten eine Weile über meine Kindheit und lachten über einige lustige Erinnerungen. Auf Vaters Gesicht war ein warmes, ernstes Lächeln zu sehen, während wir uns unterhielten. Dann sprachen wir über mein Geschäft in Kalifornien und die Freunde, die ich in der Gemeinde dort kennengelernt hatte.

»Dad, ich habe entdeckt, daß es möglich ist, Gott persönlich kennenzulernen«, wagte ich mich einen Schritt vor. »Ich habe herausgefunden, was die Bibel über die Beziehung des Menschen zu Gott sagt. Sie sagt: ›Denn Gott hat die Welt so sehr geliebt, daß er seinen einzigen Sohn gab, damit alle, die an ihn glauben, nicht verlorengehen, sondern das ewige Leben haben.‹ Aber sie sagt auch: ›Denn darin sind die Menschen gleich: alle sind Sünder und haben nichts aufzuweisen, was Gott gefallen könnte.‹«

»Das kenne ich alles.« Vater wand sich ein bißchen in seinem Sessel. »Das habe ich schon oft gehört.«

»Ich auch«, gab ich ihm recht. »Aber ich hatte nie eine Beziehung zwischen diesen Worten und meinem Leben gesehen. Als ich mir darüber Gedanken machte und über andere Stellen in der Bibel, fiel mir allmählich auf, wie sehr Gott mich liebt – und dich auch. Er sandte Seinen Sohn Jesus, damit Er für unsere Sünden am Kreuz sterben sollte.«

»Ich habe immer ein gutes, anständiges Leben geführt«, sagte Vater. Seine Augen sahen an mir vorbei auf

die Tapete und dann auf das Bücherregal und zu Boden –
aber mich schaute er nicht an. »Ich habe in meinem ganzen Leben nie jemanden betrogen.«

Lieben und nicht predigen

Mein Vater wartete mit etwas auf, das ich seitdem häufig als Ablenkungsmanöver gehört habe: »Ich führe ein
moralisch gutes Leben... ist das nicht genug, um in den
Himmel zu kommen?« Ich wollte sehr vorsichtig sein, um
ihm in keiner Weise das Gefühl zu geben, ich wäre undankbar oder lieblos. Ich liebte ihn vielmehr so sehr, daß
ich nur dadurch davon abgehalten wurde, ihm die Botschaft von der Rettung der Sünder wie bei einer Großveranstaltung zu predigen. Aber ich wußte, daß ich – wie bei
den meisten Familienangehörigen und engen Freunden –
mit Liebe und Zartgefühl an meinen Vater herangehen
mußte.

»Dad, ich habe herausgefunden, daß es auf eine persönliche Entscheidung ankommt – den Glauben an Jesus
Christus.«

Ich nahm meine Bibel, die in meiner Nähe auf einem
Tisch lag, und setzte mich neben ihn auf einen Stuhl.
Dann schlug ich Epheser 2,8-9 auf:

»Die Bibel sagt: ›Denn aus Gnade seid ihr selig geworden durch Glauben, und das nicht aus euch: Gottes
Gabe ist es, nicht aus Werken, damit sich nicht jemand
rühme.‹

Die meisten denken ganz genauso wie du, Dad – daß
wir mit einem guten Leben in den Himmel kommen.
Aber Gottes Wort sagt, daß kein Mensch Gottes Gebote
ganz erfüllt. Nur durch Seine Gnade können wir gerettet
werden, wenn wir Ihn annehmen.«

»Was meinst du mit *Ihn annehmen?*«

33

Ich blätterte weiter zu Offenbarung 3,20. »Jesus sagt selbst: ›Siehe, ich stehe vor der Tür und klopfe an. Wenn jemand meine Stimme hören wird und die Tür auftun, zu dem werde ich hineingehen ...‹ Also geht es einfach darum, daß man Jesus in sein Leben einlädt. Das habe ich getan, Dad, und ich kann dir nicht beschreiben, was für eine große Freude und einen tiefen Frieden ich seitdem erlebe. Ich spüre Gottes Liebe richtig. Und Er hat dieselbe Liebe auch für dich bereit.«

Mein Vater betrachtete angestrengt seine Schuhe und rieb dann an einem nicht vorhandenen Fleck auf seiner Hose herum. Er war anscheinend viel offener für das Evangelium, als ich gedacht hatte. Ich wurde immer aufgeregter.

Ich war mir sicher, daß er noch an Ort und Stelle mit mir beten würde, genauso wie Bob damals in seinem Auto in Hollywood. Ich merkte aber, daß ich genug gesagt hatte und daß die nächsten Worte von ihm kommen mußten. Also wartete ich und beobachtete ihn. Dabei versuchte ich, ruhig zu bleiben, und betete im stillen, während er nachdachte.

Nach einer Weile begann er zu sprechen. Ich lehnte mich erwartungsvoll vor.

»Ich muß mehr darüber wissen und darüber nachdenken«, seufzte er. »Aber ich danke dir für dieses Gespräch, mein Sohn.«

Enttäuscht, aber ermutigt

Mein Vater nahm also bei diesem Besuch Jesus noch nicht an. Ich war enttäuscht, aber es machte mir doch Mut, daß er so offen gewesen war. Ich betete während des folgenden Frühlings und Sommers für ihn, und da ich beschlossen hatte, im Herbst die Bibelschule in Princeton zu besuchen, schrieb ich meinen Eltern, daß ich auf dem Weg nach Princeton drei Tage lang zu Hause sein würde.

Meine Mutter schrieb mir zurück, daß genau in dieser Woche die kleine methodistische Gemeinde in der Stadt eine Reihe von Evangelisationsveranstaltungen durchführen würde.

Wäre das vielleicht der Zeitpunkt, an dem mein Vater sein Leben Jesus übergeben würde? Ich hatte das starke Gefühl, wie wenn Jesus mich bestätigen wollte, daß genau diese Evangelisationswoche Gottes besondere Zeitplanung zeigte.

Während ich von Kalifornien nach Hause fuhr, wurde ich innerlich immer aufgeregter. Der Gottesdienst begann um 19 Uhr, und ich kam um 18 Uhr zu Hause an.

»Geht ihr heute zu dem Gottesdienst?« fragte ich Mutter und Vater, nachdem ich sie begrüßt hatte.

»Das hatten wir eigentlich nicht vor«, erwiderte er.

»Würdet ihr mit Vonette und mir hingehen?« (Ich hatte mich kurz zuvor mit Vonette Zachary, die auch in der Stadt aufgewachsen war, verlobt.) Selbstverständlich wollte Mutter gehen. Sie schaute ihren Mann an.

»Na gut, wir gehen mit euch hin«, sagte er.

Der Erweckungsprediger war ein Evangelist der alten Schule: Er legte viel Energie in seine Predigten, nannte die Sünde und den Teufel beim Namen und lud alle Sünder ein, nach vorn zu kommen. Aber er hatte schon über eine Woche gepredigt, ohne daß jemand seinem Aufruf gefolgt war. Kein einziger Mensch war nach vorn gekommen und hatte sich von seinen Sünden abgekehrt und Jesus als seinen Herrn und Heiland angenommen.

An diesem Abend war es kein bißchen anders. »Ich fühle, daß Gott heute abend etwas tun will,« beschwor er, »und wenn du noch nicht gerettet bist, dann sagt Gott dir, daß du nach vorn kommen und dein Leben Ihm übergeben sollst. Während wir jetzt den nächsten Vers singen, fordere ich dich auf, zum Altar zu kommen und dein Leben Jesus zu übergeben.«

Als wir sangen, betete ich für meinen Vater. Ich hatte Mutter und Vater vor der Kirche abgesetzt und dann Vonette abgeholt, und als wir ankamen, war die Kirche voll besetzt. Wir hatten gerade noch zwei Plätze seitlich des Altars gegenüber von meinen Eltern gefunden. Jetzt, da wir das Lied sangen, beobachtete ich meinen Vater.

Ende des ersten Verses. Niemand war nach vorn gekommen.

Der Prediger sprach wieder, der Schweiß glänzte auf seiner Stirn: »Gibt es jemanden hier, den Sie lieb haben und der noch nicht an Jesus glaubt, und für den Sie beten? Stehen Sie auf und legen Sie Ihren Arm um ihn und bringen Sie ihn zum Altar.«

Ich war nie ein Typ, der in irgendeiner Weise Druck oder Zwang auf jemanden ausübte. Zuerst schreckte mich das, was der Prediger vorschlug, ab. Innerhalb weniger Augenblicke jedoch spürte ich, daß Jesus mir sagte, ich solle zu meinem Vater hinübergehen und mit ihm sprechen.

Aber Herr, wehrte ich mich. *Die Brights sind in dieser Stadt angesehene Leute, und Vater hat viel Stolz. Damit bringe ich ihn nur in Verlegenheit. Willst du wirklich, daß ich das tue?*

Gott muß gewußt haben, daß ich immer noch ein Feigling war, denn noch bevor ich weiter argumentieren konnte, stand ich von meinem Platz auf und ging den ganzen Weg quer durch die Kirche auf meinen Vater zu.

Ich legte den Arm um ihn. »Dad«, flüsterte ich. »Komm mit mir zum Altar.«

Er kam, und Mutter ging auch mit.

Ich wußte damals noch nicht, was es heißt, einen Menschen zu Jesus zu führen. Also knieten Vater und ich am Altar nieder, während der Prediger die Gemeinde eine weitere Strophe singen ließ. Mein Vater weinte und ich weinte, und ich drängte ihn, Jesus zu bitten, in sein Herz zu kommen, aber das tat er nicht. Jesus klopfte an die Tür, aber er wußte nicht, wie er sie Ihm öffnen sollte.

Niemand sonst aus der Gemeinde war dem Aufruf des Predigers gefolgt, und so endete der Gottesdienst. Ich brachte Vonette nach Hause und fuhr dann schnell zu meinen Eltern, um mit Vater zu sprechen.

Er sagte nicht viel, und ich war klug genug, ihn nicht zu drängen. Aber etwas von den wenigen Worten, die wir an diesem Abend miteinander wechselten, ist mir heute noch im Gedächtnis geblieben.

Auf den »Durchbruch« warten

Mein Vater hatte ein emotionales Erlebnis erwartet. Zu seiner Vorstellung von einer christlichen Bekehrung gehörten Blitze vom Himmel, oder ein Sturz vom Pferd wie bei der Bekehrung des Apostels Paulus. Da nichts dergleichen am Altar geschehen war, hatte mein Vater nicht das Gefühl, »durchgekommen« zu sein.

Am nächsten Abend spielte sich genau dasselbe ab. Eine vehemente Predigt. Ein Aufruf, nach vorn zu kommen. Die Aufforderung des Predigers, »unseren Arm um einen Menschen zu legen, den wir lieben, und ihn zum Altar zu bringen.« Mein langer Gang durch die Kirche. Und mein Vater und ich, die zusammen mit meiner Mutter zum Altar gingen, niederknieten und vor der ganzen Gemeinde weinten.

Dieses Mal lud mein Vater Jesus von ganzem Herzen und ohne alle Vorbehalte in sein Leben ein. Ich sah eine deutliche Veränderung in seinen Augen, die Selbstgefälligkeit wich echter Freude. Dann dankte er Gott dafür, daß Er in sein Leben gekommen war und ihn verändern würde.

Aber Vater war noch nicht fertig. Er stand auf und ging zu seinem Platz zurück. Dann legte er den Arm um einen jungen Mann und lud ihn ein, mit ihm zum Altar zu kommen.

Dieser junge Mann war mein Bruder, der gerade aus dem Krieg in Europa zurückgekommen war. (Er kam an diesem Abend nicht nach vorn, aber nach Jahren versicherte er mir, daß er später Jesus als seinen persönlichen Herrn und Heiland angenommen habe.)

Die Ewigkeit beim Herrn genießen

Mein Vater war nach diesem Abend vollkommen verändert, und er lebte noch sechsunddreißig Jahre als Kind Gottes, bevor er im Alter von dreiundneunzig als Christ starb. Schließlich kam meine ganze Familie zum Glauben an Jesus.

Wenn ich zurückschaue, wie Gott mich in Sein Reich brachte und mir schon damals zeigte, wieviel Hunger die Menschen haben, Ihn kennenzulernen, leuchtet mir ein Schlüsselgedanke entgegen: *Alles, was nötig war, um mich zu Gott zu bringen, war die Liebe und Initiative einiger liebevoller Menschen.*

* Meine Mutter, die jeden Tag für mich betete.

* Ein älteres Ehepaar, das den Herrn und Seine Gemeinde liebte. Sie wußten wahrscheinlich nicht, wie sie mir von Jesus erzählen sollten, aber sie lebten mir Seine Liebe vor und luden mich in ihre Gemeinde ein.

* Eine Einladung zu einer Party. Und eine Gruppe von liebevollen, fröhlichen Christen, die mich mit offenen Armen aufnahmen.

* Eine dynamische ältere Frau namens Henrietta C. Mears, deren Liebe zu mir und deren Bibelkenntnis mich dazu brachten, auch Gottes Wort kennenlernen zu wollen.

* Mehrere christliche Geschäftsleute, die an harte, ehrliche Arbeit für einen ehrlichen Gewinn glaubten, aber nach der Wahrheit lebten, daß man nur dann wirklichen Erfolg hat, wenn man Jesus Christus kennt.

* Dr. Louie Evans, der Pastor der Presbyterianischen Gemeinde in Hollywood, dessen Lebensweise mit seiner Lehre und Predigt im Einklang stand und mich zu Jesus Christus hinzog.

Wenn ich an diese Menschen und ihren Einfluß auf mein Leben denke, erkenne ich, daß Gott wirklich jeden von uns berufen hat, Jesus Christus den Menschen nahezubringen, mit denen wir jeden Tag in Kontakt kommen.

Andere zu lieben, ihnen Jesus Christus in Wort und Tat zu bezeugen ist nicht nur die Aufgabe von Pastoren und Hauptamtlichen. Es ist eine Aufgabe, die viel Freude bringt, und zu der Gott jeden bevollmächtigt, der sich Christ nennt.

Zu welchem Menschen, den Sie lieben und dem Sie von Ihrem Glauben an Jesus Christus erzählen wollen, führt Gott Sie heute?

Es ist sehr gut möglich, daß Sie genauso nervös sind wie ich es damals war, wenn Sie anfangen, über Ihren Glauben zu sprechen. Aber meine ersten Erfahrungen zeigen mir, daß Sie nicht warten müssen, bis Sie das Gefühl haben, Sie seien »ein Experte«. Es war bestimmt nicht mein großes Wissen, das Bob und meinen Vater und schließlich noch weitere Angehörige meiner Familie zu Jesus führte – es war einfach die Tatsache, daß ich Gott gehorchen wollte, der mich drängte, mit ihnen über meinen Glauben zu sprechen. Ich war anfangs so unbeholfen, aber Gott setzte Sein Werk trotz meiner Fehler durch.

Die Schlüssel waren – und sind – Liebe und Gehorsam. Trotz meiner stammelnden Nervosität sprach Gott diese Menschen an. Sie können darauf vertrauen, daß Gott Sie genauso benutzt – ganz egal, wie nervös Sie dabei sind.

Zusammenfassung

* Gott hat jeden von uns berufen, den Menschen, mit denen wir jeden Tag zusammenkommen, Jesus Christus zu bezeugen.

* Zu einem Zeugnis für Jesus gehört die Liebe zu anderen – in Wort und Tat.

* Wir sollen Jesus nachfolgen und Seinen Geboten gehorchen. Er erwartet von uns, daß wir Seinem Gebot: »Gehet hin in alle Welt und predigt das Evangelium allen Menschen« gehorchen. Wenn wir gehorsam sind, können wir darauf vertrauen, daß Er die innere Arbeit im Herzen des Menschen, dem wir von Ihm erzählen, übernimmt.

* Unabhängig davon, wie ungeeignet oder nervös Sie sich fühlen, kann Gott Ihr Zeugnis zu Seiner Verherrlichung benutzen, wenn Sie die Initiative ergreifen und anderen in Liebe von Ihm erzählen.

Zum Nachdenken und Handeln

1. Machen Sie sich eine Liste von den Menschen, mit denen Sie häufig Kontakt haben: Familienangehörigen, Freunden, Arbeitskollegen, Nachbarn.
2. Fangen Sie noch heute damit an, regelmäßig für jeden Menschen auf Ihrer Liste zu beten, daß der Heilige Geist sein Herz vorbereiten und er erkennen möge, daß er Jesus Christus braucht.
3. Ergreifen Sie im nächsten Monat die Initiative, jedem dieser Menschen auf Ihrer Liste einen besonderen

Liebesdienst zu erweisen. Ein netter Telefonanruf, ein aufmerksames Ohr, ein selbstgebackener Kuchen, praktische Hilfe, eine Einladung zum Essen.

4. Steht auf Ihrer Liste jemand, den Sie vielleicht in die Gemeinde oder zu einer besonderen christlichen Veranstaltung einladen sollten – das, was meine Vermieter vor mehreren Jahrzehnten für mich taten?

5. Beten Sie dafür, daß diese Menschen sich öffnen und daß Sie eine Gelegenheit bekommen, jeden von ihnen einzuladen, Jesus anzunehmen. Wie Sie das machen, erfahren Sie in den nächsten Kapiteln.

Warum wir nicht schweigen können

Haben Sie schon einmal gezögert, das Evangelium weiterzusagen, weil Sie dachten, der andere habe einfach kein Interesse daran?

Hatten Sie schon einmal das Gefühl, daß Gott Sie in eine Situation führte, in der Sie einem anderen Menschen von Ihm erzählen sollten, Sie aber eine leise Stimme hörten, die Ihnen sagte: Das endet ja doch nur in einer Diskussion?

Oder halten Sie sich deshalb zurück, wenn es darum geht, Ihren Glauben weiterzugeben, weil Sie meinen, Sie hätten nicht die Gabe der Evangelisation, und Evangelisieren sollte man lieber denen überlassen, die diese Gabe haben?

Diese Gefühle hat jeder Christ irgendwann einmal. Ich habe auch damit zu kämpfen. Jedoch konnte ich in den über vierzig Jahren, in denen ich meinen Glauben weitergegeben und Kurse über persönliche Evangelisation gehalten habe, keine biblische Begründung finden, die diese Argumente, die uns vom Evangelisieren abhalten wollen, rechtfertigen würde. Vielmehr wurden mir bei meinen persönlichen Erfahrungen und beim Lesen in Gottes Wort fünf Schlüsselgedanken deutlich – Gedanken, die für das Leben eines jeden Christen gelten.

1. Jesus hat jedem Christen den klaren Auftrag zur Evangelisation erteilt.

Der letzte Auftrag Jesu an die christliche Gemeinde lautete: »Gehet hin in alle Welt und predigt das Evangelium allen Menschen« (Mk 16,15). Dieser Auftrag, den die Kirche den Missionsbefehl nennt, galt nicht nur den elf übriggebliebenen Jüngern oder nur den Aposteln oder in unserer Zeit den Menschen, die die Gabe des Evangelisierens haben.

Dieser Auftrag ist die Pflicht eines jeden Mannes und einer jeden Frau, die Jesus als ihren Herrn bekennt. Wir können es uns nicht aussuchen, welchen Geboten Gottes wir gehorchen wollen. Harold Lindsell drückte es so aus: »Die Evangelisation der ganzen Welt ist der vorrangige Auftrag der Kirche.«

2. Die Menschen sind ohne Jesus Christus verloren.

Jesus sagt: »Ich bin der Weg und die Wahrheit und das Leben; niemand kommt zum Vater denn durch mich« (Joh 14,6). Gottes Wort macht uns auch klar: »In keinem andern ist das Heil, auch ist kein andrer Name unter dem Himmel den Menschen gegeben, durch den wir sollen selig werden« (Apg 4,12).

Als ich bei einer evangelistischen Veranstaltung in Minnesota vor mehreren hundert Studenten sprach, kamen danach mehrere mit Fragen auf mich zu. Während ich mit ihnen sprach, fiel mir ein ärgerlicher junger Student aus Indien auf, der ungeduldig auf und ab ging.

Als ich mich ihm schließlich zuwenden konnte, explodierte er richtig und fauchte mich an: »Ich verachte euch Christen! Ihr seid arrogant und engstirnig. Ich bin Hindu – ich glaube, daß das Christentum ein Weg zu Gott ist, aber Ihr Christen seid nicht bereit zu glauben, daß meine Religon auch ein Weg zu Gott ist.«

»Es tut mir leid, wenn ich Sie beleidigt habe«, ent-schuldigte ich mich. »Aber ich muß Sie doch darauf hin-weisen, daß Jesus selbst über sich sagte: ›Ich bin der Weg, und die Wahrheit und das Leben; niemand kommt zum Vater denn durch mich.‹ Was halten Sie denn von Jesus?«

Er dachte einen Augenblick nach. »Ich würde sagen, er ist der größte Mensch, der je gelebt hat.«

Ich erfuhr von diesem jungen Mann, daß er an seinem Doktortitel in Physik und Chemie arbeitete. Während wir uns unterhielten, erklärte ich ihm mehr über die Aussagen, die Jesus über sich selbst gemacht hat, daß Er für unsere Sünden starb und von den Toten auferweckt wurde und daß Sein Leben zeigte, daß Er wirklich der Sohn Gottes war. Der Ärger des jungen Mannes legte sich.

»Sagen Sie mir aber jetzt eines«, forderte ich ihn her-aus. »Glauben Sie, daß ›der größte Mensch, der je gelebt hat‹, über sich selbst Lügen erzählen würde? Oder glau-ben Sie, daß Er ein armer Irrer war, der nur *dachte*, Er sei der einzige Weg zu Gott?«

Der junge Akademiker begriff die Logik aus Johan-nes 14,6. »Möchten Sie nicht Jesus Christus als Ihren Herrn und Erlöser annehmen?« fragte ich.

»Ja, das will ich«, erwiderte er. »Jetzt habe ich ver-standen.« Es war ein herrliches Erlebnis, als dieser kluge junge Mann Jesus Christus in sein Leben einlud.

Die Menschen sind ohne Jesus Christus wirklich ver-loren. Nach Gottes Wort ist Er der einzige Weg, der die Kluft zwischen Mensch und Gott überbrückt. Ohne Ihn kann niemand Gott kennenlernen und die Hoffnung auf ewiges Leben haben.

3. Statt »kein Interesse« zu haben, haben die Menschen in der Welt ein richtiges Verlangen nach dem Evange-lium.

In Washington

Vor einigen Jahren kam nach einer Versammlung mit Regierungsbeamten ein Mann auf mich zu und sagte: »Wenn Sie das nächste Mal in Washington sind, würden Sie dann bitte meinen Senator besuchen? Er braucht eine Beziehung zu Gott.«

Diese Bitte erstaunte mich. »Glauben Sie nicht, daß es etwas überheblich wäre, ohne Anmeldung einen Senator zu besuchen und mit ihm über den Glauben zu sprechen?«

»Sagen Sie ihm, ich schicke Sie«, lachte er.

Mehrere Monate später war ich tatsächlich im Senatsgebäude in Washington, wo ich mich mit einigen anderen Senatoren zum Austausch und Gebet getroffen hatte. Als ich die Halle durchschritt, las ich den Namen des Senators, den ich besuchen sollte.

Ich hatte inzwischen gelernt, nicht mit Gott zu diskutieren. Der natürliche Mensch in mir hätte gesagt: *Was glaubst du eigentlich, wer du bist, daß du den Senator belästigen willst – der wahrscheinlich überhaupt kein Interesse hat!?* Aber im Laufe der Jahre hatte Gott mich gelehrt, dafür offen zu sein, daß Er mir ungewöhnliche Gelegenheiten schenkt, in denen ich über Ihn sprechen soll, manchmal unter den unmöglichsten Umständen. Und Er erwartet keine große Rhetorik, sondern nur Gehorsam.

Also betrat ich mit einem schnellen Gebet um Gottes Führung das Büro des Senators.

»Kann ich Ihnen helfen?« fragte die Empfangsdame.

»Guten Morgen, ich heiße Bill Bright, ich würde gern mit dem Senator sprechen«, stellte ich mich vor.

»Einen Augenblick, ich frage einmal nach«, sagte sie, trat hinter ihrem Schreibtisch hervor und verschwand durch eine Tür zu den hinteren Büros.

Es dauerte keine Minute, bis sie wieder zurückkam.

»Der Herr Senator erwartet Sie. Er bittet Sie, gleich zu ihm hineinzukommen«, sagte sie.

In den meisten Fällen ist es am besten, sich etwas Zeit zu nehmen, um sich mit dem Menschen, mit dem man über Gott sprechen will, erst ein bißchen zu unterhalten und eine Beziehung zu ihm aufzubauen. Doch da ich ohne Anmeldung gekommen war, wollte ich die Zeit des Senators nicht unnötig in Anspruch nehmen und kam daher gleich zur Sache.

»Es ist mir eine Ehre, Sie kennenzulernen, Herr Senator«, begrüßte ich ihn, als wir uns die Hand gaben. »Ich heiße Bill Bright.«

»Es freut mich, Sie kennenzulernen«, lächelte der Senator. »Bitte nehmen Sie Platz. Wie gefällt es Ihnen in Washington?«

»Ganz gut. Ich bin der Präsident von Campus für Christus und habe mich hier mit mehreren Regierungsmitgliedern getroffen, die Ihr Leben Jesus Christus übergeben haben. Herr Senator, sind Sie Christ?«

Diese Frage, *Sind Sie Christ?* kann leicht als plump und unsensibel aufgefaßt werden. Aber ich habe folgendes festgestellt: Wenn ich eine Angelegenheit im Gebet an Gott abgebe, wenn ich sicher bin, daß Gott in meinem Leben regiert, und wenn ich mich in echter Liebe in der Macht des Heiligen Geistes einem Menschen zuwende, dann nimmt der Mensch, dem ich von Jesus erzählen will, keinen Anstoß an dieser Frage. So war es auch bei diesem vielbeschäftigten Senator.

»Ich weiß es nicht – ich glaube schon«, sagte er zögernd. Seine Stimme war ruhig, und er lehnte sich vor und war gespannt, was noch kommen würde. Mit seinen braunen Augen schaute er mich nachdenklich an.

»Wenn Sie heute sterben würden, wüßten Sie dann ganz sicher, daß Gott Sie annehmen wird?« fragte ich.

Er wandte den Blick von mir ab und richtete ihn auf seinen Schreibtisch. »Nein«, flüsterte er, »das weiß ich nicht.«

»Sie würden es aber doch gern wissen?« fragte ich.

»Das können Sie mir glauben.«

Ich legte ihm kurz das Evangelium dar, und der Senator erwiderte, daß er gern Jesus annehmen würde.

Mit dem Evangelium nicht egoistisch umgehen

Viele Menschen in unserer Nähe warten nur darauf, auf Gott hin angesprochen zu werden. Wir müssen davon ausgehen, daß der Familienangehörige, der Nachbar, unser Kollege oder der flüchtige Bekannte, den wir gerade kennengelernt haben, an der guten Nachricht, die wir zu erzählen haben, Interesse hat. Er hat vielleicht gerade mehrere Situationen erlebt, die sein Herz darauf vorbereitet haben, Jesus anzunehmen. Gott hat ihn vielleicht so geführt, daß er erkennt, wie sehr er die Wahrheit braucht. Vielleicht ist er momentan besonders allein oder braucht Liebe.

Können wir es uns leisten, mit dem Evangelium egoistisch umzugehen, wenn eindeutig bewiesen ist, daß die Mehrheit der Menschen Verlangen nach Gott hat? Jesus sagt: »Die Felder sind reif zur Ernte.«

4. Wir Christen haben das größte Geschenk für die Menschheit in unserem Besitz – die großartigste Botschaft, die je verkündet wurde.

Christus ist auferstanden! Wir dienen einem lebendigen Erlöser, der nicht nur in Seiner ganzen Auferstehungsmacht in uns lebt, sondern der uns auch das ewige

Leben verheißen hat. Er starb an unserer Stelle für unsere Sünden am Kreuz und ist dann von den Toten auferstanden. Wir haben durch Jesus Christus eine direkte Beziehung zu Gott. Und diese Beziehung, dieser Friede, diese Gabe des ewigen Lebens steht jedem zur Verfügung, der Ihn annimmt.

Warum zögern wir so oft, diese gute Nachricht weiterzusagen? Woran liegt es, daß wir so gern über unsere politische Meinung oder unseren Lieblingsverein, über unseren Benzinverbrauch und unsere Stromrechnung, über unsere Kinder oder den Büroklatsch sprechen, aber kneifen, wenn wir die großartigste Botschaft, die je verkündet wurde, weitersagen sollen?

Unser Thema Nummer eins

Wenn unser Glaube an Jesus uns wirklich so viel bedeutet, wie er sollte, dann ist es nur eine logische Konsequenz, daß dieser Glaube unser Thema Nummer eins ist. Die Menschen wollen die gute Nachricht hören. Und wenn Sie sie richtig und mit Liebe weitergeben, dann werden Sie positive Reaktionen erleben.

Die Heilige Schrift verkündigt die gute Nachricht eindeutig:

* »Die ihn aber aufnahmen, denen gab er das Recht, Gottes Kinder zu heißen.« (Joh 1,12)
* »Denn Gott hat die Welt so sehr geliebt, daß er seinen einzigen Sohn gab, damit alle, die an ihn glauben, nicht verlorengehen, sondern das ewige Leben haben.« (Joh 3,16)
* »Er hat uns errettet von der Macht der Finsternis und hat uns versetzt in das Reich seines lieben Sohnes, in dem wir die Erlösung haben, nämlich die Vergebung der Sünden.« (Kol 1,13-14)

5. Die Liebe Jesu Christi zu uns und unsere Liebe zu Ihm verpflichten uns, mit anderen über Ihn zu sprechen.

Jesus sagte: »Wer meine Gebote hat und hält sie, der ist's, der mich liebt« (Joh 14,21). Mit anderen Worten: Er mißt unsere Liebe zu Ihm an unserem Gehorsam. Und wenn wir gehorchen, verspricht Er, daß Er sich uns offenbaren wird: Wer mich aber liebt, der wird von meinem Vater geliebt werden, und ich werde ihn lieben und mich ihm offenbaren« (Joh 14,21).

Welchen Geboten sollen wir gehorchen? Wir haben von Jesus Christus persönlich den Auftrag: »Gehet hin in alle Welt und predigt das Evangelium allen Menschen.« An der Erfüllung dieses Missionsbefehles mitzuarbeiten ist sowohl die Pflicht als auch das Vorrecht eines jeden Christen. Wir sprechen von Ihm, weil wir Ihn lieben. Wir sprechen von Ihm, weil Er uns liebt. Wir sprechen von Ihm, weil wir Ihm die Ehre geben und Ihm gehorchen wollen. Wir sprechen von Ihm, weil Er uns eine besondere Liebe zu anderen Menschen schenkt.

Zusammenfassung

*   Die Menschen um Sie haben ein Verlangen nach dem Evangelium; jemand muß ihnen sagen, daß Jesus für ihre Sünden gestorben ist. Ohne Jesus haben sie keine Hoffnung, Gott kennenzulernen oder das ewige Leben zu erlangen.
*   Gott eröffnet Ihnen einzigartige Gelegenheiten und das manchmal unter den unwahrscheinlichsten Umständen. Er erwartet von uns keine große Rhetorik, sondern nur Gehorsam.

49

* Sie sind im Besitz der großartigsten Botschaft, die je verkündet wurde. Warum zögern Sie, diese Nachricht anderen mitzuteilen?
* Jesus hat uns geboten: »Gehet hin in alle Welt und predigt das Evangelium allen Menschen.« Wenn wir Ihn lieben, gehorchen wir ihm: »Wer meine Gebote hat und hält sie, der ist's, der mich liebt.«
* Wenn Sie mit jemanden für ein paar Minuten allein sind, dann betrachten Sie das als göttliche Fügung.

Zum Nachdenken und Handeln

1. Gehen Sie davon aus, daß die Leute auf Ihre Botschaft negativ reagieren?
2. Nehmen Sie sich einmal die Zeit, darüber nachzudenken, was Ihnen Ihre Beziehung zu Jesus bedeutet. Beenden Sie den Satz: »Weil Jesus von den Toten auferstanden ist und in mir lebt, ...« Ist das nicht wirklich die wundervollste und erfreulichste Nachricht, die Sie je anderen Menschen erzählen könnten?
3. Wenn Sie Ihre Liebe zu Jesus daran messen, wie Sie mit anderen über Ihn sprechen, welche Rückschlüsse läßt das auf Ihre Liebe zu?
4. Fallen Ihnen mindestens zwei Menschen ein, mit denen Gott Sie in der letzten Woche zusammengeführt hat, damit Sie ihnen von Ihm erzählen? Wie haben Sie reagiert?

Warum so viele Christen nicht über ihren Glauben sprechen

»Ich trage meine Religion nicht zur Schau. Meine Religion ist meine Privatsache, darüber will ich nicht sprechen.«

Das sagte einer der größten amerikanischen Staatsmänner – ein Christ. Ich hatte ihm gerade von einem Evangelisationsplan erzählt. Da wir darüber gesprochen hatten, tausend Christen in leitenden Schlüsselpositionen daran zu beteiligen, traf mich diese Antwort besonders tief.

»Sie sind Christ, oder?« fragte ich ihn.

»Ja«, erwiderte er, »aber ich bin kein religiöser Fanatiker.«

Ich habe dieses Argument schon oft gehört, und es tut mir jedes Mal wieder weh, auch damals, als dieser Staatsmann seinen passiven Glauben damit begründete.

Ich wagte mich vorsichtig einen Schritt vor: »Ist Ihnen jemals in den Sinn gekommen, daß es Jesus das Leben gekostet hat, daß Sie jetzt so einfach sagen können, Sie seien Christ?«

Er überlegte einen Augenblick, sagte aber nichts.

»Und es kostete die Jünger das Leben«, fuhr ich fort. »Millionen von Christen haben in allen Jahrhunderten gelitten, und viele sind als Märtyrer gestorben, um die

Botschaft von Gottes Liebe und Vergebung bis zu Ihnen zu bringen. Können Sie da wirklich meinen, daß Ihr Glaube an Jesus Ihre Privatsache sei und daß Sie nicht darüber sprechen sollten?«

»Nein«, seufzte er, »ich habe wohl falsch gedacht. Was soll ich denn aber tun?«

Ohne daß es ihm aufgefallen war, war dieser Christ auf einen von Satans Lieblingssprüchen hereingefallen: Der Glaube ist eine ganz persönliche Angelegenheit, über die man einfach nicht spricht. Und so sprach dieser Mensch so gut wie nie über Jesus. Er hatte die großartigste Nachricht, die je verkündet wurde, in seinem Besitz, hatte sich aber bis zu diesem Tag geweigert, darüber zu sprechen.

Als ein Werk, das seinen Auftrag darin sieht, Ehrenamtlichen zu helfen, erfolgreich und überzeugend über ihren Glauben zu sprechen, haben wir ausführliche Umfragen darüber durchgeführt, warum Christen ihren Glauben nicht bereitwilliger weitersagen. Wir haben herausgefunden, daß manche glauben, »Religion sollte eine Privatangelegenheit sein«. Die meisten Christen begreifen nicht, daß sie in der Bibel dazu aufgefordert werden, ihren Glauben weiterzugeben. Statt dessen lassen sie sich durch drei Hindernisse davon abhalten, furchtlos über ihren Glauben zu sprechen.

Hindernis Nummer eins: Geistliche Gleichgültigkeit

Wenn man von etwas nicht begeistert ist, ist es sehr wahrscheinlich, daß man nicht vielen Menschen davon erzählt. Wir stellen bei allzuvielen Christen fest, daß ihre Begeisterung für das christliche Leben von alltäglichen Zerstreuungen, materiellen Zielen und Sünden, die sie

Gott nicht bekannt haben, stark getrübt wird. Wie die Christen in der Gemeinde von Ephesus haben diese Menschen »ihre erste Liebe verlassen«.

Vor einigen Jahren kam nach einem meiner Vorträge über die Herrschaft Jesu im Leben eines Christen ein junger Dozent auf mich zu. Sein Lebenslauf war ausgezeichnet: Doktortitel, eine erfolgreiche Karriere und Aussichten auf eine weitere Aufwärtsentwicklung. Aber etwas ließ ihm keine Ruhe.

»Ich wurde vor mehreren Jahren Christ, ich war damals noch ein Kind«, begann er. »Aber mit den Jahren riß ich nach und nach die Kontrolle über mein Leben wieder an mich. Ich bin immer noch in der Gemeinde aktiv. Aber ich muß zu meiner Schande bekennen, daß ich mehr daran interessiert bin, in meinem Beruf und meiner sozialen Position nach oben zu kommen, als Gott zu dienen und Ihn besser kennenzulernen. Ich bin bei meinen beruflichen Wertvorstellungen Kompromisse eingegangen und verhalte mich in meinem Umgang mit anderen auch nicht immer ganz ehrlich und ethisch einwandfrei.

Gott hat mir gezeigt, daß ich viele Jahre damit vergeudet habe, egoistisch nach meinen eigenen Interessen zu leben. Jetzt will ich mithelfen, die Welt für Jesus zu gewinnen.«

Wir beteten zusammen und freuten uns über seine neue Hinwendung zu Gott. Bis zu diesem Augenblick hatte er in geistlicher Gleichgültigkeit gelebt: egozentrisch, fleischlich und mit wenig Verlangen, auf andere Menschen zuzugehen und ihnen von seinem Glauben zu erzählen. Nach seiner neuen Hinwendung zu Gott wurde er jedoch ein überzeugter, erfolgreicher Zeuge Jesu.

Wenn Sie sich geistlich ausgetrocknet oder kraftlos fühlen, dann ist es möglich, daß Sie Ihre »erste Liebe verlassen« haben (d. h. Jesus Christus nicht mehr die vollkommene Kontrolle über Ihr Leben überlassen und Seinen Geboten nicht mehr gehorchen). Vielleicht lassen Sie sich durch das hektische Tempo Ihres Lebens davon abhalten, einige Zeit mit Gebet und dem Nachsinnen über Gottes Wort zu verbringen. Vielleicht lassen Sie sich von dem in unserer Gesellschaft weit verbreiteten Humanismus und dem allgemeinen anerkannten Wunsch nach Selbstverwirklichung zu einem Streben nach einem »guten Leben« verleiten, das Sie aber vom besten Leben wegführt. Vielleicht verletzen Sie Gott mit der einen oder anderen Sünde, die Sie Ihm bekennen sollten.

In Psalm 66,18 lesen wir: »Wenn ich Unrechtes vorgehabt hätte in meinem Herzen, so hätte der Herr nicht gehört.« Nicht bekannte Sünde trennt uns von Gott und macht uns zu Menschen, wie sie Paulus in 1. Kor 3,1-3 beschreibt:

> Und ich, liebe Brüder konnte nicht zu euch reden wie zu geistlichen Menschen, sondern wie zu fleischlichen, wie zu unmündigen Kindern in Christus... weil ihr noch fleischlich seid. Denn wenn Eifersucht und Zank unter euch sind, seid ihr da nicht fleischlich und lebt nach Menschenweise?

Der fleischliche Christ, wie ihn Paulus beschreibt, hat nicht den Wunsch, über seinen Glauben an Jesus zu sprechen, weil seine Aufmerksamkeit mehr auf sich selbst als auf andere gerichtet ist. Er hat zugelassen, daß die Liebe zu materiellen Dingen, die Vergnügungssucht und nicht bekannte Sünden seinen Blick von Jesus ablenken. Er hat seine erste Liebe verlassen.

Wenn diese Symptome auch Ihr geistliches Leben kennzeichnen, brauchen Sie nicht zu verzweifeln. Sie können Ihre erste Liebe – die Vertrautheit und Freude mit Ihrem Herrn – wiedergewinnen. Sie können dafür zwei wichtige Schritte unternehmen.

1. Haben Sie alle Ihre Sünden vor Gott gebracht?

Werden Sie ruhig vor Gott. Bitten Sie Ihn, Ihnen durch Seinen Heiligen Geist alle Bereiche Ihres Lebens zu offenbaren, die nicht in Ordnung sind.

* Haben Sie einen Freund verletzt und ihn nicht um Vergebung gebeten?

* Haben Sie ein Gebot aus Gottes Wort verletzt und Gott nicht um Vergebung gebeten?

* Leben Sie in Angst und Sorge? In Zynismus oder negativem Denken?

* Waren Sie zu anderen lieblos (zu Hause, bei der Arbeit, in der Gemeinde oder anderswo)?

* Sind Sie in finanziellen Dingen oder bei ihrer Arbeit unehrlich?

* Geben Sie sich lüsternen Gedanken hin?

* Haben Sie einem Menschen nicht von Jesus erzählt, als der Herr Ihnen zeigte, daß Sie das tun sollten?

* Beherrschen weltliche Ziele (wie Arbeit, Geld, Vergnügen und sonstige materielle Dinge) Ihr Denken und Ihren Lebensstil?

Wenn der Heilige Geist Sie bei diesen Punkten an etwas erinnert, dann geben Sie vor Gott im Gebet zu, daß Sie gesündigt haben, und bitten Sie Ihn um die Vergebung, die Er in 1. Johannes 1,9 verspricht: »Wenn wir unsere Sünden aber bekennen, so ist er treu und gerecht, daß er uns die Sünden vergibt und reinigt uns von aller Ungerechtigkeit.«

Vielleicht hilft es Ihnen, die Wichtigkeit des Sünden-bekenntnisses besser zu verstehen, wenn Sie bedenken, daß die eigentliche Bedeutung des Wortes *bekennen* »zu-stimmen« ist. Wenn Sie also Gott in Bezug auf die Sünde in Ihrem Leben zustimmen, dann sagen Sie damit mindestens dreierlei zu Ihm:

(1) »Gott, ich stimme Dir zu, daß diese Dinge, die ich tue (zählen Sie sie auf), falsch sind«,

(2) »Ich stimme Dir zu, daß Jesus für diese Sünden am Kreuz starb«;

(3) »Ich kehre um – ich wende mein Denken und mein Herz bewußt von meinen Sünden ab und will statt dessen von nun an dir gehorchen.«

2. Vergewissern Sie sich, daß Sie von Gottes Heiligem Geist geführt werden.

Im Geist zu wandeln ist das Geheimnis eines jeden christlichen Lebens. Es bedeutet einfach, Gott durch Seinen Heiligen Geist zu erlauben, Sie Minute für Minute, Tag für Tag zu führen und die Herrschaft über Sie zu haben.

Derselbe Heilige Geist, der an Pfingsten den Jüngern die Vollmacht gab, »die Welt auf den Kopf zu stellen«, steht jedem von uns heute zur Verfügung. In Epheser 5,18 werden wir aufgefordert, uns mit dem Heiligen Geist erfüllen (uns von Ihm kontrollieren, lenken, füh-ren) zu lassen. Mit der Autorität der Verheißung Gottes, daß Er uns erhören wird, wenn wir nach Seinem Willen beten (1. Joh 5,14-15), und mit dem Wissen, daß es Sein Wille ist, daß wir mit Seinem Geist erfüllt werden, kön-nen Sie Gott jetzt im Glauben bitten, und Er wird Sie mit dem Heiligen Geist erfüllen.

Jesus den Thron Ihres Lebens überlassen. Um besser zu verstehen, was in Ihrem Leben geschieht, können Sie sich einen großen Thron vorstellen. Dieser Thron steht für Ihr »Kontrollzentrum« oder Ihren Willen. Als Sie Jesus als Ihren Herrn und Heiland annahmen, haben Sie Ihn in Ihr Leben und auf den Thron eingeladen. Sie haben aus freiem Willen die Kontrolle und Führung in Ihrem Leben an Ihn abgetreten.

Jedoch reißen Sie jedes Mal die Kontrolle über diesen Thron wieder an sich, wenn Sie einer Versuchung oder Sünde nachgeben. Jesus ist immer noch in Ihrem Leben, aber Er ist nicht mehr auf dem Thron. Gott hat Sie mit einem freien Willen geschaffen, und Er will, daß Sie Ihm aus freiem Willen gehorchen.

Der Apostel Paulus nannte dieses Problem beim Namen, als er schrieb:

> Denn ich weiß nicht, was ich tue. Denn ich tue nicht, was ich will; sondern was ich hasse, das tue ich. So tue nun nicht ich es, sondern die Sünde, die in mir wohnt.
> Denn ich weiß, daß in mir, das heißt in meinem Fleisch, nichts Gutes wohnt. Wollen habe ich wohl, aber das Gute vollbringen kann ich nicht (Röm 7,15-18).

»Geistliches Atmen«. Erfüllung mit dem Heiligen Geist heißt einfach, daß wir Gott wieder die Kontrolle über den Thron unseres Lebens überlassen, unsere Sünden bekennen und die liebevolle Vergebung Gottes annehmen. Dieses Konzept, das ich »geistliches Atmen« nennen will, ist eine der lebensnotwendigsten Wahrheiten aus Gottes Wort. Es ist der Schlüssel zum täglichen Sieg über die ständige Verführung zur Sünde in Ihrem Leben.

Genauso wie wir körperlich aus- und einatmen, können wir auch geistlich aus- und einatmen. Wir »atmen aus«, wenn wir unsere Sünden bekennen, und wir »atmen ein«, wenn wir die Reinigung, Kontrolle und Macht durch Gottes Heiligen Geist wirken lassen.

Bei unseren Kursen über persönliche Evangelisation haben uns sehr viele Menschen berichtet, daß diese einfache Wahrheit ihre Beziehung zu Christus vollkommen verändert hat. Frank zum Beispiel war seit seiner Kindheit Christ, aber er war immer frustriert über sein »Berg-und-Tal-Bahn«-Christsein. Als er hörte, wie er mit dem Heiligen Geist erfüllt werden und durch geistliches Ein- und Ausatmen Gott das Kontrollzentrum seines Lebens überlassen konnte, sagte er ganz bewußt zu Jesus: »Ich gebe dir die Kontrolle über den Thron meines Lebens. Führe mich und gib mir die Weisheit und Kraft, heute so zu handeln, zu sprechen und zu denken, wie du es von mir willst.« Nach einem Leben ständiger Niederlagen fing er an, im Sieg und in der Freude unseres auferstandenen Herrn zu leben.

Es ist der Heilige Geist, der Sie überführt, wenn Sie gesündigt haben; der Sie nicht in Ruhe läßt, bis Sie einem Nächsten helfen; der Ihnen eine unerschöpfliche Quelle der Liebe zu anderen schenkt; der Sie drängt, mit den Menschen um Sie herum über Ihren Glauben zu sprechen. Wenn Sie täglich Seiner Führung gehorchen, werden Sie Ihre erste Liebe nie verlassen.

Hindernis Nummer zwei:
Die »Sprüche« des Feindes glauben

»Wir haben nicht mit Fleisch und Blut zu kämpfen, sondern mit Mächtigen und Gewaltigen, nämlich mit den Herren der Welt, die in dieser Finsternis herrschen«, sagt uns Paulus im Brief an die Epheser.

Es ist tatsächlich ein geistlicher Kampf im Gang. Die Bibel sagt: »Gott hat uns errettet von der Macht der Finsternis.« Jeder Christ stand einmal unter dieser Macht, und die Nichtchristen, mit denen wir über Jesus sprechen, stehen noch immer unter dieser Macht. Das ist kein angenehmer Gedanke, aber Nichtchristen sind entweder aus freiem Willen, durch Unwissenheit oder durch ihr eigenes Versäumen dort, und Satan tut alles, was er kann, um sie dort zu behalten.

Wenn Sie also das Gefühl haben, daß Gott Sie zu jemandem führt, damit Sie ihm von Jesus erzählen, dann rechnen Sie mit Angriffen Satans. Sie können aus seiner Richtung sogar sehr glaubwürdige »Sprüche« hören, die darauf abzielen, daß Sie es sich noch einmal überlegen, kehrtmachen und Ihre guten Absichten fallenlassen.

»Kümmere dich um deine eigenen Angelegenheiten – du hast kein Recht, einem anderen deine Meinung aufzuzwingen.«

Wenn Sie diesen Spruch hören, dann fragen Sie sich doch einmal: »Wo wäre ich heute eigentlich, wenn der Mensch, der mir damals von Jesus erzählt hat, sich ›um seine eigenen Angelegenheiten gekümmert hätte‹?«

Wenn wir in einem Geist der Liebe anderen von Jesus erzählen, dann »zwingen« wir niemandem unsere Meinung auf. Wir sprechen mit Einfühlungsvermögen und mit Liebe; der Zuhörer hat dann die Freiheit, uns zuzuhören, das Thema zu wechseln oder sich von uns abzuwenden.

Wie hätte ich dem zwei Meter großen Marinesoldaten, der vor einiger Zeit neben mir im Bus saß, meine Meinung »aufzwingen« können? Ich bin verhältnismäßig klein von Gestalt, aber ich diene einem großen Gott, der mich zu diesem Kleiderschrank von einem Mann geführt hatte, damit ich mit ihm in diesem Bus über Jesus sprechen konnte.

Er erzählte mir, daß er gerade erst im Bunker gesessen ist, weil er seinen vorgesetzten Offizier geohrfeigt hatte. Aber je mehr wir uns unterhielten, desto mehr bekam ich das Gefühl, daß er Gott suchte.

Als ich ihm sagte, Gott liebe ihn so sehr, daß er Seinen Sohn gesandt hatte, damit dieser für ihn sterben sollte, fing er an zu schluchzen.

»Meine Mutter ist Christin und meine Frau ist auch Christin«, weinte er. »Sie versuchen seit Jahren, mich dazu zu bringen, Christ zu werden.«

Dann sagte dieser hünenhafte Marinesoldat etwas, das ich nie vergessen werde: »Ich kann mich an keine Nacht erinnern, in der ich nicht mein Kissen naßgeheult habe, weil ich Angst hatte, ohne Gott zu sterben.«

Seine Mutter und seine Frau hatten ihm zwar gesagt, er solle Christ werden. Aber sie hatten ihm nicht gesagt, wie. Als ich ihm zeigte, wie er Jesus in sein Leben einladen könnte, ergriff er die Gelegenheit. Er war so aufgeregt, daß er an der nächsten Haltestelle ausstieg und seine Mutter und seine Frau anrief, um ihnen diese Neuigkeit zu verkünden.

»Du wirst diesen Menschen beleidigen. Sag lieber nichts.«

Wenn einer Ihrer Bekannten an Krebs leidet, und Sie wüßten, wie er geheilt werden könnte, würden Sie ihm dann nichts von diesem Heilmittel sagen, weil es ihn vielleicht beleidigen könnte?

Selbstverständlich doch. Sie würden ihm voll Freude erzählen, daß er geheilt werden kann. Warum sollten wir weniger begeistert sein, wenn wir das endgültige Heilmittel gegen die schlimmste Krankheit der Welt kennen?

»Er wird dich für einen Fanatiker halten.«

Ja, das kann schon passieren. Aber trotzdem ist der andere vielleicht genau der Mensch, den Gott extra für Sie für diesen Tag vorbereitet hat. Nicht jeder nimmt das Evangelium an – auch Jesus ist Männern und Frauen begegnet, die Seine Botschaft ablehnten. Unsere Aufgabe ist nicht zu bekehren, sondern zu gehorchen. Wir können das Vorurteil, wir seien »Fanatiker«, mit einer überzeugten, liebevollen, logischen Darstellung der Aussagen Jesu, die wir durch die Macht des Heiligen Geistes weitersagen, entwaffnen.

»Ablenkungen, Unterbrechungen. Unterbrechungen, Ablenkungen.«

Das Telefon läutet. Ein Dritter kommt ins Zimmer. Ein Baby schreit. Jemand stellt den Fernseher an. Wenn Sie sich anschicken, Satans Reich zu bekämpfen, dann müssen Sie damit rechnen, daß er zum Gegenangriff übergeht. Er kann die Umstände so einrichten, daß alle möglichen Hindernisse zwischen dem Menschen, dem Sie von Jesus erzählen wollen, und Ihnen aufgebaut werden.

Wenn ich mich in so einer Situation befinde, dann bete ich im stillen, auch während des Gespräches, daß Gott Satan bindet, und daß mein Gesprächspartner die Botschaft hören und eine freie Entscheidung treffen kann. Hier findet ein geistlicher Kampf statt, aber Sie können sicher sein, daß Satan, wenn er Probleme schafft, Sorgen hat. Also sind Sie gewiß auf dem richtigen Weg.

»Dieser Mensch sagt sicher ›nein‹, und dann bin ich der Blamierte.«

Wir Christen machen uns oft schuldig, das Evangelium mit der Einstellung weiterzugeben: »Ach... du willst doch nicht etwa das größte Geschenk annehmen, das es für die Menschheit gibt?« Uns ist nicht bewußt, wie viele Menschen wirklich bereit wären, Jesus anzunehmen, wenn ihnen nur jemand zeigen würde, wie. Unsere Einstellung sollte also nicht sein: »Ich bin mir sicher, er sagt ›nein‹ zu Jesus«, sondern: »Wer kann zu Jesus schon ›nein‹ sagen?« Wir sollten immer von einer positiven Reaktion ausgehen.

Eines Tages erzählte ich einem Freund, während eines Essens im Restaurant, wieviel Verlangen die Menschen danach hätten, Gott kennenzulernen. »Meine Erfahrung sieht aber ganz anders aus«, antwortete er.

Genau in diesem Augenblick kam der Kellner, und ich sprach ihn an: »Wissen Sie, wir sprechen gerade darüber, daß jeder Mensch gerne Gott kennenlernen würde. Ich wette, Sie würden Ihn auch gern kennenlernen, oder?«

»Selbstverständlich würde ich das!« rief der Kellner aus.

Mein Freund wäre fast vom Stuhl gefallen. Er wußte, daß ich diese Antwort nicht vorher eingefädelt haben konnte, denn ich war zum ersten Mal in dieser Stadt. Gott wollte einfach an diesem Tag einen Kellner in Sein Reich bringen, und Er wollte meinem Freund die Augen dafür öffnen, daß die Menschen Verlangen nach dem Evangelium haben, wenn ihnen nur jemand zeigt, wie sie Jesus annehmen können.

Hätte ich nicht eine positive Antwort erwartet, dann hätte ich vielleicht nie den Mut gehabt, den Kellner so anzusprechen. Aus Angst, er könne »nein« sagen und mich damit in Verlegenheit bringen, hätte ich die Gelegenheit verpaßt.

Einer der vollmächtigsten Zeugen Jesu, die ich je kennengelernt habe, war Arthur DeMoss. Arthur war nie darauf aus, einen »geistlichen Skalp« zu erringen, nur um sagen zu können, er habe jemanden zum Herrn geführt. Dieser Geschäftsmann ließ sich von Gottes Geist erfüllen und ging immer in echter Liebe auf die Menschen zu. Und er ging immer von einer positiven Antwort aus.

In Mexiko saß ich einmal mit ihm beim Abendessen. Als der Chefkoch an unseren Tisch kam und uns fragte, ob uns das Essen schmecke, lächelte Arthur und sagte: »Es schmeckt fantastisch. Aber jetzt würde ich gern Ihnen eine Frage stellen: Sind Sie Christ?«

Der Koch schüttelte den Kopf: »Nein.«

»Wären Sie gern einer?«

»Warum nicht, ja, schon.«

»Soll ich Ihnen sagen, wie Sie Christ werden können«, schlug ihm Arthur vor. Und er führte den Koch dort an unserem Tisch zu Jesus. Der Mann war ganz aufgeregt über seine neue Beziehung zu Jesus Christus.

Weil Arthur DeMoss immer mit einer positiven Antwort rechnete, zögerte er nicht, bei jeder Gelegenheit über Jesus zu sprechen. In Einzelgesprächen und vor großen Gruppen führte Arthur Tausende von Menschen zu Jesus. Er ist inzwischen gestorben, aber seine Frau Nancy und die Arthur-DeMoss-Stiftung arbeiten weiter daran, das Evangelium in der ganzen Welt zu verkünden.

Hindernis Nummer drei:
Das Fehlen der richtigen Methode

»Was soll ich sagen?«

»Welche Bibelstellen zitiere ich?«

»Wie fange ich ein Gespräch über Jesus an?«

»Wie antworte ich auf Fragen und Argumente?«

»Wie kann ich sicher sein, daß mich der andere richtig versteht?«

»Wie ermutige ich den anderen, eine klare Entscheidung zu treffen?«

Durch zahlreiche Umfragen wissen wir, daß die meisten Christen heute nicht nur meinen, daß sie über ihren Glauben sprechen *sollten*; sie *wollen* es auch wirklich tun. Viele Christen hören immer wieder von der Kanzel, daß sie »überall und zu jeder Zeit« über Jesus reden sollen. Aber ihnen fehlt eine praktische Anweisung, die ihnen die Angst nimmt und ihnen hilft, erfolgreich und überzeugt von ihrem Glauben zu sprechen. Folglich bekommen sie ein schlechtes Gewissen: Sie wissen, sie sollten es tun, aber sie zögern, weil sie nicht wissen wie.

Es macht mir Mut, wenn ich immer mehr Pastoren sehe, die für ihre ehrenamtlichen Mitarbeiter Kurse über persönliche Evangelisation durchführen. Viele ausgezeichnete Schulungsprogramme stehen den Gemeinden heute zur Verfügung. Um erfolgreich zu sein, brauchen Sie kein Theologiestudium oder endlose Beispiele, die Sie auf jede nur denkbare Situation vorbereiten. Innerhalb weniger Stunden können Sie lernen, so über Ihren Glauben an Jesus Christus zu sprechen, wie es sich für Millionen von Christen auf der ganzen Welt als erfolgreich erwiesen hat.

Tausende von Pastoren haben an diesen Kursen teilgenommen, ebenso wie Studenten und Ehrenamtliche, die nach dieser Methode ihren Angehörigen, Freunden, Nachbarn und flüchtigen Bekannten von ihrem Glauben erzählen. Wir haben immer wieder von Menschen gehört, die Jesus Christus durch diese Art der persönlichen Evangelisation angenommen haben und dann innerhalb von achtundvierzig Stunden losgegangen sind und jemand anderen zum Glauben führten. Diese Methode ist einfach, wirkungsvoll und auf jede Situation übertragbar.

Wir erheben nicht den Anspruch, daß das die einzige Möglichkeit wäre, das Evangelium weiterzugeben, auch nicht, daß es die beste Methode wäre; aber es ist eine, die funktioniert. Ab Seite 103 gehe ich diese Methode Schritt für Schritt durch. Genauso wie unsere Kurse kann Ihnen dieses Buch praktisches Wissen für persönliche Evangelisation vermitteln.

Zusammenfassung

* Drei weit verbreitete Hindernisse halten Christen davon ab, ohne Angst über ihren Glauben zu sprechen: (1) geistliche Gleichgültigkeit; (2) den »Sprüchen« des Feindes glauben; (3) das Fehlen einer geeigneten Methode.

* Sie können die Gleichgültigkeit durch »geistliches Atmen« überwinden. Sünden bekennen (Ausatmen) und Gottes Vergebung und Herrschaft annehmen (Einatmen).

* Satan hat mehrere Lieblingssprüche, mit denen er uns davon abhalten will, anderen von Jesus Christus zu erzählen. Aber da Sie zu Gottes Reich gehören, brauchen Sie auf die Täuschungsmanöver des Feindes nicht hereinzufallen.

* Viele Christen mit den besten Absichten versuchen, anderen von ihrem Glauben zu erzählen, kommen aber nicht weit, weil ihnen das praktische Wissen um den richtigen Weg fehlt. In diesem Buch lernen Sie eine Methode, die sich in zahlreichen verschiedenen Situationen als erfolgreich erwiesen hat.

Zum Nachdenken und Handeln

1. Welche Gründe haben Sie in der Vergangenheit davon abgehalten, über Ihren Glauben zu sprechen?
2. Haben Sie sich von Ablenkungen, Gleichgültigkeit, Materialismus oder nicht bekannten Sünden Ihre Begeisterung für Jesus rauben lassen?

3. Bitten Sie Gott in einer Zeit der Stille, Ihnen alle Sünden in Ihrem Leben, die Sie Ihm noch nicht bekannt haben, zu zeigen. Bekennen Sie diese Sünden und nehmen Sie Gottes Vergebung und Befreiung an.
4. Beschließen Sie, daß Sie sich mit Gottes Hilfe nicht mehr durch Satans Widerstand davon abhalten lassen wollen, anderen die Botschaft von Gottes Liebe und Vergebung weiterzugeben.

Die Angst vor dem Versagen überwinden

An einem warmen Sommertag in Oklahoma hatte ich mich von meinen Eltern verabschiedet und war in einem Leihwagen auf dem Weg zum Flughafen. Vor mir fuhr ein großer Lastwagen aus einer Nebenstraße auf die Vorfahrtstraße zu, auf der ich mich befand.

In Sekundenbruchteilen dachte ich: *Ich habe Vorfahrt – er wird schon warten, bis ich vorbei bin.* Ich irrte mich. Er bog so knapp vor mir in die Straße ein, daß ich keine Möglichkeit mehr hatte, zu bremsen oder ihm auszuweichen.

Totalschaden an meinem Auto! Ich kam mit einem kleinen Kratzer am Arm davon. Aber der LKW-Fahrer, der die Vorfahrt mißachtet und damit den Unfall verschuldet hatte, war einem Nervenzusammenbruch nahe. Wir ließen das Auto am Straßenrand stehen, und der Fahrer fuhr mich zurück nach Coweta, wo wir seinen Chef aufsuchten.

Sein Chef war der Polizeipräsident der Stadt, ein langjähriger Freund meiner Familie, dem ich schon vorher mehrere Male von Jesus erzählt hatte, aber ohne Erfolg. Er half mir, die Formalitäten zu erledigen und einen Unfallbericht zu erstellen, dann fuhr er mich zum Flughafen.

Ich wußte in meinem Herzen genau, daß Gott diese ansonsten traumatischen Umstände dazu benutzen würde, daß ich diesem Mann noch einmal von Jesus erzählen konnte. Ich beschloß, ihn ohne Umschweife darauf anzusprechen.

»Wissen Sie, ich glaube Jesus hat das alles geschehen lassen, damit ich noch einmal mit Ihnen sprechen kann. Wir wissen ja nie, wann uns so ein Unfall das Leben kostet. Ich war bereit zu sterben – angenommen, es wäre Ihnen passiert? Wären Sie auch bereit zu sterben?«

Aber er war immer noch nicht bereit. »Das ist einfach nichts für mich«, sagte er.

Ich erwischte mein Flugzeug noch rechtzeitig und war dankbar, daß Gott mein Leben verschont hatte, aber auch traurig, daß dieser Mann Jesus Christus wieder abgelehnt hatte...

Versagt? Angst vor dem Versagen kann eines der größten Hindernisse für unser Zeugnis von Jesus sein, weil niemand von uns gern »abgewiesen« wird. Wir nehmen das meistens persönlich und betrachten eine Ablehnung unserer Botschaft als Ablehnung unserer Person. Es verletzt, wenn man abgewiesen wird.

Es verletzt noch mehr, wenn wir in echter Liebe auf einen Menschen zugehen und sehen, daß dieser Mensch das größte Geschenk, das der Menschheit je angeboten wurde, nämlich Gottes Sohn, ablehnt. Mitleid für die Verlorenen geht nicht ohne Tränen ab.

Aber eine der befreiendsten Tatsachen des christlichen Lebens ist, daß Gott nichts von uns verlangt, was Sein Sohn nicht schon selbst durchgemacht hat. Jesus Christus, dem die Menschen wegen seiner Lehre und seiner Heilungen scharenweise nachliefen, mußte auch erleben, daß Seine Botschaft von vielen abgelehnt wurde. Im Gegensatz zu uns war Jesus jedoch nicht traurig, weil Sein Ego verletzt worden wäre. Er war traurig, weil die

politikern des Landes zum Gebet und Austausch getroffen hatte, und ich fühlte mich vom Heiligen Geist gedrängt, den Parkplatzwächter zu fragen, ob er Christ sei.

»Mein Vater war Pfarrer«, brummte er. »Und er hat ganz und gar nicht nach dem gelebt, was er predigte. Ich habe von dem Zeug mehr als genug gehört.« Er erzählte dann weiter, daß er aus der Kirche ausgetreten sei und nichts mehr mit Gott zu tun haben wolle.

Mir wurde plötzlich ganz heiß, als ich an meine eigenen zwei Söhne dachte: Was würde passieren, wenn mein Leben auch im Widerspruch zu meinen Worten stünde? Was wäre, wenn auch sie Gott meinetwegen ablehnen würden?

Wir unterhielten uns noch länger. Er hatte sich noch nie dem Glauben zugewandt, und ich konnte sagen, was ich wollte, er war auch jetzt nicht dazu bereit.

Ich ging in mein Hotelzimmer. Aber mein Herz fand keine Ruhe. Mancher mag jetzt vielleicht denken: *Er war ja nur ein Parkplatzwächter.* Aber dieser Mann war Gott und mir wichtig – genauso wichtig wie die Senatoren und Regierungspolitiker, mit denen ich vorher über Jesus gesprochen hatte. Er lag mir am Herzen. Er war einem Leben mit Jesus so nahe gewesen, hatte Ihn aber nie angenommen. Ich beschloß, noch einmal auf den Parkplatz hinunterzugehen und das Gespräch fortzusetzen. Aber er lehnte Jesus wieder ab.

Ich war traurig. Es tat mir weh, daß er Jesus Christus ablehnte.

Aber hatte ich versagt?

Wenn ich Jesus als Vorbild nehme, dann bestand meine Aufgabe nicht darin, Erfolg zu haben. Den kann man haben oder auch nicht. Die Aufgabe, zu der Gott mich in diesem Augenblick gerufen hatte, war, Ihm zu gehorchen und so wirksam und mit so viel Liebe wie möglich über Jesus Christus zu sprechen.

Persönliche Evangelisation ohne Versagen

Wenn Sie Gott aus Liebe heraus gehorchen, können Sie nicht versagen. Ihre Botschaft kann angenommen oder abgelehnt werden, aber wenn Sie im Gehorsam gegenüber Gottes Gebot und der Führung des Heiligen Geistes Zeugnis geben, haben Sie *Ihr Ziel* bei Ihrem Zeugendienst erreicht, unabhängig davon, wie die unmittelbaren Ergebnisse aussehen mögen.

Das Ziel der persönlichen Evangelisation besteht darin, die Initiative zu ergreifen und anderen in der Macht des Heiligen Geistes von Jesus Christus zu erzählen und Gott alles Weitere zu überlassen.

Lesen Sie diesen Satz laut. Lernen Sie ihn auswendig. Sagen Sie ihn sich jedes Mal auf, wenn die Angst vor dem Versagen Sie lähmen und davon abhalten will, Gott zu gehorchen und das Evangelium zu verkünden. Das Ziel der persönlichen Evangelisation ist, anderen durch die Macht des Heiligen Geistes von Jesus Christus zu erzählen und Gott alles Weitere zu überlassen.

Das ist nicht so zu verstehen, daß man nicht nur evangelisieren sollte, ohne auch den neu zum Glauben Gekommenen zu helfen, in Gottes Wort und in ihrem Glauben zu wachsen. Wir sind fest davon überzeugt, daß es für einen Neubekehrten wichtig ist,

(1) zu einer Gemeinde zu gehören, in der Gott die Ehre gegeben und das Wort Gottes verkündet wird, und

(2) Heilsgewißheit, Gebet, Bibellesen, Gemeinschaft mit anderen Christen und Wachstum als Christ systematisch zu erfahren und zu lernen.

Die Last ablegen, man müsse unbedingt »Ergebnisse« vorweisen

Die Definition vom Ziel der persönlichen Evangelisation soll dem frustrierten Christen von heute die Last, unbedingt »Ergebnisse« vorweisen zu müssen, nehmen. Wer im Glauben mit anderen über Jesus Christus spricht, wird viel Freude erleben, wenn er andere zu Jesus führt. In den meisten Ländern und Kulturkreisen haben wir die Erfahrung gemacht, daß zwischen 25 und 50 Prozent der Menschen, die das Evangelium hören (wenn es ihnen von richtig geschulten, geisterfüllten Christen nahegebracht wird), Jesus als ihren Herrn annehmen. Wenn diese positiven Zahlen stimmen, werden aber 50 bis 75 Prozent »nein« sagen, zumindest beim ersten Mal.

Ist jedes »nein« gleich ein Versagen? Rechtfertigen diese Prozentzahlen, daß wir anderen nichts von Jesus sagen, weil wir ein »nein« als Antwort bekommen könnten?

Ich hielt einmal am College in Wheaton einen Kurs über persönliche Evangelisation. Der praktische Teil des Kurses bestand darin, einen Nachmittag von Tür zu Tür zu gehen und Zeugnis zu geben.

Ein guter Freund von mir, Professor an diesem College, kam auf mich zu und sagte: »Ich will mit dir gehen, Bill. Du bist der Profi.«

»Nein«, erwiderte ich, »hier gibt es keine Profis. Wenn Gott nicht an den Herzen der Menschen arbeitet, passiert überhaupt nichts. Er will von uns nur, daß wir Ihm gehorchen und das Evangelium weitersagen.«

Mein Freund meinte wahrscheinlich, daß ich ja schon viele Kurse über persönliche Evangelisation gehalten hatte und daß vielleicht ein wenig von meiner Erfahrung auf ihn abfärben würde. Ich weiß nicht, warum Gott es zuließ, aber an diesem Tag machte ich bei weitem meine schlechtesten Erfahrungen bei persönlicher Evangelisation. Aus einem Haus wurden wir fast handgreiflich hinausgeworfen. Ein anderer Zuhörer reagierte sehr verärgert und wütend. Wir fanden keinen einzigen Menschen, der auch nur daran interessiert gewesen wäre, mit uns zu sprechen. Wir kassierten den ganzen Nachmittag eine Menge unerklärlicher Ablehnungen.

In den fast vierzig Jahren, in denen ich versucht habe, meinen Glauben an Jesus Christus an andere weiterzugeben, wurde ich nur wenige Male mit meiner Botschaft feindselig abgelehnt, doch einen guten Teil dieser Zurückweisung kassierte ich an jenem einen Tag!

Mein Freund jedoch fühlte sich nach diesem Erlebnis mit mir viel besser und sicherer. Vielleicht wollte Gott ihm Mut machen, indem er ihm zeigte, daß auch Bill Bright, der angebliche »Profi« in persönlicher Evangelisation, nicht die geringste Macht hat, jemanden zum Glauben zu führen, wenn Gott das nicht selbst tut.

Was sagt Jesus über das Versagen?

Diejenigen, welche sich die Frage stellen, ob sie es überhaupt versuchen sollen, wenn wahrscheinlich eine ganze Reihe von Zuhörern »nein« sagen wird, will das Gleichnis vom Sämann ermutigen. Hier macht Jesus den unterschiedlichen »Erfolg« Seiner Botschaft deutlich:

Siehe, es ging ein Sämann aus zu säen. Und indem er säte, fiel einiges auf den Weg; da kamen die Vögel und fraßen's auf. Einiges fiel auf felsigen Boden, wo es nicht viel Erde hatte, und ging bald auf, weil es keine tiefe Erde hatte. Als aber die Sonne aufging, verwelkte es, und weil es keine Wurzel hatte, verdorrte es. Einiges fiel unter die Dornen; und die Dornen wuchsen empor und erstickten's.

Einges fiel auf gutes Land und trug Frucht, einiges hundertfach, einiges sechzigfach, einiges dreißigfach (Mt 13,3-8).

Es gibt vier verschiedene Typen von Zuhörern, lehrt Jesus. Und nur einer davon wird die Botschaft (den Samen) aufnehmen und in seinem Leben wachsen lassen.

»Bei dem aber auf gutes Land gesät ist, das ist, der das Wort hört und versteht und dann auch Frucht bringt; und der eine trägt hundertfach, der andere sechzigfach, der dritte dreißigfach« (Mt 12,23).

Die anderen drei Zuhörertypen (Bodenarten) nehmen die Botschaft nicht ernst genug oder lehnen sie rundweg ab. Jesus Christus selbst war sich dessen bewußt, und obwohl Er mit allen Menschen Mitleid hatte und sie liebte und sich nach ihnen sehnte, wußte Er, daß der Mensch seine von Gott gegebene Macht des freien Willens sowohl für als auch gegen Ihn einsetzen würde. Und das tut der Mensch heute noch.

Man weiß nie ...

Es gibt also immer wieder auch Ablehnung. Wie wir im letzten Kapitel bereits deutlich machten, sollten wir immer von einer positiven Antwort ausgehen, da die Welt heute mehr Verlangen nach dem Evangelium hat als je zuvor. Aber wenn trotzdem die Ablehnungen kommen, sollte uns das nicht überraschen oder entmutigen.

Und man weiß wirklich nie, wohin das führen kann.

1976 machten Thomas und Andrea, ein junges Ehepaar, im Rahmen der Aktion Neues Leben, die ihre Gemeinde durchführte, Hausbesuche. Sie kamen in eine Wohnung, in der ein Mann und eine Frau, die unverheiratet zusammenlebten, durch Drogen so benebelt waren, daß keine Unterhaltung möglich war.

Also ließen Thomas und Andrea ein Heft mit dem Evangelium auf dem Küchentisch liegen und schlugen vor, daß die zwei, wenn sie Lust dazu hätten, darin lesen sollten. Thomas und Andrea hatten eine Absage kassiert, nicht direkt ausgesprochen, aber doch unmißverständlich.

Zwei Wochen später fiel der Frau das Heft wieder in die Hände und begann, darin zu lesen. Die einfache Darstellung des Evangeliums überzeugte sie, und sie kniete in ihrem Wohnzimmer nieder und nahm Jesus in ihr Leben auf. Dann gab sie dem Mann, mit dem sie zusammenlebte, das Heft, und mehrere Tage später holte er es hervor, las es durch und öffnete sein Leben für Jesus.

Mehrere Wochen lang hörte sich dieses Paar christliche Programme im Radio und Fernsehen an. Als sie mehr aus Gottes Wort hörten, wollten sie eine Gemeinde besuchen, und eines Sonntags gingen sie in die Gemeinde, die nur einen Häuserblock entfernt war. Es war genau die Gemeinde, aus der meine Freunde zu ihrem Hausbesuch aufgebrochen waren.

Als der Pastor dazu einlud, gingen der Mann und die Frau nach vorn, um ihren neuen Glauben an Gott zu bekennen und sich taufen zu lassen. Sie lebten nicht mehr in »wilder Ehe« zusammen, sondern heirateten bald. Fünf Jahre später waren sie so im Glauben gewachsen, daß der Mann gebeten wurde, Diakon in der Gemeinde zu werden, während die Frau in Arbeitsgruppen Aufgaben übernahm.

Als Thomas und Andrea an jenem ersten Tag die stickige, verhaschte Wohnung dieses Paares verließen, müssen sie gedacht haben: *Das war wieder umsonst!*

Aber aufgrund dieses ersten Kontaktes, den sie knüpften, weil sie dem Gebot: »Gehet hin in alle Welt und predigt das Evangelium allen Menschen« gehorchten, verwandelte Gott das »nein« dieses Paares in ein »ja« und brachte diese zwei Menschen in Sein Reich.

Persönliche Evangelisation ist nie eine Zeitvergeudung!

Zusammenfassung

* Das Ziel der persönlichen Evangelisation besteht darin, die Initiative zu ergreifen und anderen in der Macht des Heiligen Geistes von Jesus Christus zu erzählen und Gott alles Weitere zu überlassen.
* Versagen = nichts sagen.
* Gott macht uns nicht für die Ergebnisse verantwortlich – nur für unseren Gehorsam oder Ungehorsam.
* Recht oft benutzt Gott eine Gelegenheit, die wir als »Versagen« ansehen, in der Zukunft, um diesen Menschen zu sich zu führen.

Zum Nachdenken und Handeln

1. Wie haben Sie bis jetzt »Erfolg« und »Versagen« bei persönlicher Evangelisation definiert? Haben Sie Gelegenheiten, in denen Sie über Jesus hätten sprechen können, nicht genutzt, weil Sie Angst hatten, Sie könnten versagen?
2. Beschließen Sie, daß Sie, sooft Sie über Ihren Glauben sprechen und keine direkten Erfolge sehen, das nicht als persönliche Ablehnung auffassen. Vertrauen Sie darauf, daß Gott den Samen pflegt, den Sie gesät haben, beten Sie regelmäßig für diesen Menschen und gehorchen Sie Gottes Führung bei künftigen Kontakten zu ihm.

Ein Gespräch über
Jesus Christus beginnen

»Ich hatte heute eine großartige Gelegenheit, mit jemandem über Jesus Christus zu sprechen«, erzählte mir einmal eine junge Frau. »Aber mir fiel beim besten Willen nicht ein, wie ich damit beginnen sollte. Ich kam mir recht unbeholfen vor. Wie lenken Sie eine Unterhaltung auf Jesus Christus, und zwar so, daß es natürlich und nicht aufgezwungen wirkt?«

Manche fallen gleich mit der Türe ins Haus, ohne sich Gedanken über den Gesprächspartner zu machen.

Andere tasten sich sehr vorsichtig zu geistlichen Themen vor – oft sogar so vorsichtig, daß das Gespräch nie bei Jesus Christus landet.

Ich persönlich fühle mich bei der ersten Vorgehensweise nicht besonders wohl. Und ich weiß aus Erfahrung, daß die zweite leicht dazu führen kann, daß man statt über das Evangelium doch wieder über das Wetter, Fußball oder über die Kinder in der Schule spricht.

Es muß also einen goldenen Mittelweg geben – eine Möglichkeit, das Gespräch auf Jesus zu lenken, die natürlich und einfühlsam ist, aber dem Menschen, mit dem Sie sprechen, trotzdem deutlich macht, daß er Jesus braucht. In den folgenden zwei Kapiteln stelle ich Ihnen eine erprobte, stark konzentrierte Darstellung des Evangeliums vor, mit deren Hilfe Sie anderen Menschen Jesus Christus nahebringen können. In diesem Kapitel betrachten wir Möglichkeiten, wie man ein Gespräch über Jesus Christus gut einleiten kann.

Grundsätzlich gehört der Mensch, mit dem Sie sprechen, zu einer der beiden folgenden Kategorien. Entweder ist er (1) ein Familienangehöriger, ein Freund, ein Nachbar oder ein Arbeitskollege, oder er ist (2) ein flüchtiger Bekannter – ein Mitreisender, der neben Ihnen im Bus oder Zug sitzt, ein Kellner oder ein Taxifahrer, jemand, der bei einem Konzert oder Vortrag neben Ihnen sitzt oder jemand, mit dem Sie geschäftlich zu tun haben.

Freundschaftsevangelisation contra »Initiativevangelisation«

Bei einem Menschen, mit dem Sie häufig Kontakt haben, sollten Sie nicht gleich mit der Tür ins Haus fallen. Es ist wichtig, sich die Zeit zu nehmen, eine Freundschafts- und Vertrauensbeziehung aufzubauen, in Wort und Tat zu zeigen, daß Sie den anderen lieben und daß er Ihnen wichtig ist. Diese Vorgehensweise, die manche »Freundschaftsevangelisation« nennen, hat ihre Berechtigung. Sie ist vor allem bei Familienangehörigen sehr wichtig, empfiehlt sich aber auch bei anderen engeren Beziehungen. Freundschaftsevangelisation ist eine langsame Vorgehensweise mit dem Ziel, den Nichtchristen mit Liebe zum Glauben an Jesus zu führen.

Aber trotz ihrer Vorteile hat sie auch zwei auffällige Schwächen. Erstens verschreiben sich viele Christen aus einem falschen Verständnis heraus in so starkem Maße der Philosophie der Freundschaftsevangelisation, daß sie selten mit einem Menschen über das Evangelium sprechen, weil »unsere Beziehung noch nicht tief genug ist«. Dann, wenn Sie endlich das Gefühl haben, daß sie eine gute Beziehung zu dem anderen haben, fürchten sie, etwas zu sagen, das die Freundschaft zerstören könnte. Zur Rechtfertigung dieser Vorgehensweise, beziehungsweise Nicht-Vorgehensweise, erklären sie, sie wollten »warten, bis der Nichtchrist *mich* nach meinem persönlichen Glauben fragt«, und versuchen, den christlichen Glauben einfach durch ihr Leben zu bezeugen. Meistens fällt das Evangelium dann unter den Tisch.

Der zweite Schwachpunkt dieser Philosophie der Freundschaftsevangelisation ist, daß Christen sie auch als Ausrede benutzen können, um nie über ihren Glauben zu sprechen. Einige christliche Schriftsteller sind der Ansicht, daß die »Initiativevangelisation« (wobei wir mit zufälligen Bekannten, bei Tür-zu-Tür-Einsätzen usw. über Jesus Christus sprechen) Nichtchristen fast ausnahmslos abstößt, weil hier Jesus nicht auf der Grundlage der Freundschaft und eines gegenseitigen Vertrauensverhältnisses verkündet wird.

Doch begegnen wir in der Bibel immer wieder Beispielen für Initiativevangelisation. Jesus verbrachte nur wenige Minuten mit der Samariterin, die Er am Jakobsbrunnen traf, aber Er ergriff die Initiative und sprach mit ihr über den Glauben. Während seiner kurzen Begegnung mit dem äthiopischen Eunuchen führte Philippus diesen Fremden zu Jesus. Paulus schreibt: »Den [Jesus] verkündigen wir und ermahnen alle Menschen und lehren alle Menschen...« (Kol 1,28).

Wie bereits erwähnt, glaube ich, daß es einen Raum für die Freundschaftsevangelisation gibt. Es wäre falsch, wollte ich behaupten, daß die Philosophie der Freundschaftsevangelisation unbiblisch sei. Genauso liegen diejenigen falsch, die daran festhalten, daß sie der einzige Weg der persönlichen Evangelisation sei und daß die Initiativevangelisation unbiblisch und uneffektiv sei. Ich wage zu behaupten, daß Jesus Christus Initiativevangelisation im Sinn hat, wenn Er uns aufträgt: »Gehet hin in alle Welt und predigt das Evangelium allen Menschen.«

Beide Vorgehensweisen haben ihren Platz in der großen Aufgabe, das Evangelium zu verkünden. Aber ich bin der Überzeugung, daß es dem Herrn lieber ist, daß mein Fehler darin besteht, daß ich zu oft die Initiative ergreife, um über Ihn zu sprechen, als daß ich Ihn nicht verkündige.

Fünf wichtige Schritte

Ich will Ihnen fünf wichtige Schritte nennen, durch die wir ein Gespräch auf Jesus lenken können. Diese Schritte haben sich sowohl bei Freunden oder Angehörigen als auch bei flüchtigen Bekannten als hilfreich erwiesen:

Liebe als Ausgangspunkt
Eine Beziehung aufbauen
Über Jesus sprechen
Persönliche Beispiele erzählen
Rückfragen stellen

Liebe als Ausgangspunkt

Ihre Motivation sollte die Liebe sein, und Ihr Gegenüber sollte das an Ihren Augen, Ihrem Gesichtsausdruck, Ihrer Stimme, Ihrer ganzen Haltung und an Ihrem Handeln erkennen. Wenn der andere das Gefühl bekommt, Sie sprechen nur aus einem Pflichtgefühl heraus mit ihm, oder weil Sie eine Diskussion gewinnen wollen, wird er sehr bald mit Abwehr reagieren. Paulus schreibt: »Die Liebe sei ohne Falsch« (Röm 12,9).

Gott verspricht uns in 1. Johannes 5,14-15, daß Er uns erhören wird, wenn wir nach Seinem Willen um etwas bitten. Um also sicherzugehen, daß Sie für die Menschen, mit denen Sie sprechen, echte Liebe empfinden, bitten Sie Gott einfach darum, daß Er Sie mit Seiner Liebe erfüllt.

Die an erster Stelle genannte Frucht des Geistes ist die Liebe (Gal 5,20). Sie dürfen darauf vertrauen, daß Gott, wenn Er durch Seinen Heiligen Geist in Ihrem Leben herrscht, Sie mit Liebe zu anderen erfüllen wird. Diese Liebe können Sie weitergeben, indem Sie an dem anderen ein echtes Interesse zeigen und das durch eine aufmerksame Unterhaltung, Augenkontakt, einen freundlichen Gesichtsausdruck und interessierte Fragen zum Ausdruck bringen.

Eine Beziehung aufbauen

Nehmen Sie sich die Zeit, eine Beziehung anzufangen. In manchen Situationen mag das nur ein paar Augenblicke dauern – eine oder zwei kurze freundliche Bemerkungen. Ein anderes Mal, wie in einem Zugabteil oder bei einem Bekannten, können Sie sich mehr Zeit nehmen, um den anderen nach seinem Beruf oder seinen Interessen zu fragen.

In Kursen über Hausbesuche raten wir normalerweise dazu, erst über allgemeine Dinge miteinander zu sprechen, bevor man zum Evangelium überleitet, da die Besucher unerwartete Gäste sind. Seien Sie sensibel, achten Sie auf Ihre Umgebung und überbeanspruchen Sie die Zeit des anderen nicht.

MARS
vendredi

☀ Lever 06 h 32 Coucher 17 h 34

☾ Premier Quartier le 3 Pleine Lune le 9

Une semaine après, le moment étant venu de circoncire l'enfant, on le prénomma Jésus.

Luc 2.21

Lecture proposée : Evangile selon Luc, chapitre 2, versets 1-24

UNE BLESSURE
QUI EN ANNONÇAIT UNE AUTRE

Un gangster quitte la banque qu'il vient de cambrioler avec l'argent de la caisse dont il s'est emparé. Il emmène la caissière en otage. Une personnalité connue propose de prendre la place de l'otage ; le malfaiteur accepte l'échange. L'otage alors est libéré.

D'une certaine manière, c'est d'une histoire semblable que nous nous souvenons en cette période de l'année. Jésus a pris la place de chacun d'entre nous.

« *Le Christ n'avait commis aucune faute, mais Dieu l'a char-gé de notre péché, afin que par lui nous puissions bénéficier de l'œuvre par laquelle Dieu nous rend justes à ses yeux* ».

Dès sa naissance, Jésus a entrepris l'œuvre qui nous sauve. Ensuite, il la poursuivit par sa circoncision, en soumission à la loi juive, qui exigeait que tout enfant mâle né dans le peuple juif fût circoncis, signe de l'alliance faite par Dieu avec Abraham et ses descendants. C'est ainsi que les jeunes Juifs deviennent aujourd'hui encore, membres du peuple d'Israël. Les quelques gouttes de sang répandues dans l'accomplissement de ce rite furent, pour Jésus, les premières de toutes celles qu'il verserait pour nous, surtout pendant son supplice. Âgé d'une semaine, Jésus commençait ainsi à payer la rançon qui allait nous rendre libres. Il s'agissait d'autre chose que de la somme, si importante soit-elle, que réclament parfois les ravisseurs d'aujourd'hui ; Il s'agissait de son propre sang, sa propre vie, livrée *pour délivrer ceux qui étaient soumis à la loi afin qu'ils puissent devenir fils et filles de Dieu.*

Il nous est impossible de payer la rançon ; Jésus l'a fait à notre place en acceptant de payer pour nous. Cela ne devrait-il pas nous inciter à vivre dans la reconnaissance ?

Über Jesus sprechen

Eine häufig zu beobachtende Schwierigkeit von Christen, die anfangen, über ihren Glauben zu sprechen, ist es, daß Sie das Gespräch vom Hauptthema abgleiten lassen. Es ist normalerweise am besten, nicht über Religionen, Konfessionen, Gemeinden und Menschen zu sprechen. Viele haben in der Vergangenheit schlechte Erfahrungen mit diesen Randthemen gemacht. Aber wenn Sie sich ganz auf die Person Jesus Christus konzentrieren, kann Ihr Zuhörer gar nicht anders, als sich für Ihn zu interessieren.

Ein Taxifahrer in Australien sagte zu mir: »Ich habe im Zweiten Weltkrieg jeden Gedanken an Religion aufgegeben. Ich will nichts mit einem Gott zu tun haben, der zuläßt, daß die Menschen sich gegenseitig umbringen.«

»Moment mal«, wandte ich ein. »Sie werfen Gott etwas vor, für das der Mensch ganz allein verantwortlich ist. Das Böse im Menschen – seine Sünde – ist schuld daran, daß er haßt, stiehlt, tötet.«

Ich erklärte den Unterschied zwischen Religion, der Suche des Menschen nach Gott, und dem christlichen Glauben, Gottes Offenbarung an den Menschen durch Jesus Christus. Als ich das Gespräch klar auf Jesus Christus konzentrierte, veränderte sich die ganze Einstellung des Taxifahrers. Als wir am Zielpunkt waren, betete er mit mir und bat Jesus, in sein Leben zu kommen.

Persönliche Beispiele erzählen

Das Wort *Zeugnisgeben* bedeutet wörtlich, Tatsachen oder Ereignisse bezeugen. Mit anderen Worten, zu erzählen, wie Jesus Ihr Leben und das Leben von anderen verändert hat.

Das Zeugnis der Christen des Neuen Testamentes bestand darin, daß sie erzählten, wie Jesus gestorben und von den Toten auferstanden war, wie Er ihr Leben verändert hatte und was Er jedem, der Ihn aufnimmt, anbietet. Paulus zum Beispiel sprach über sein dramatisches Bekehrungserlebnis. Sein Zeugnis in seinen Reden und Briefen erweckte nicht nur die Aufmerksamkeit der Hörer, sondern führte ihnen auch sehr lebendig vor Augen, wie sie selbst Jesus annehmen konnten.

Persönliche Geschichten und Beispiele gehören zu den wirksamsten pädagogischen Mitteln. Denken Sie einmal an die letzte Predigt zurück, die Sie gehört haben. An was erinnern Sie sich am besten: an die einzelnen Gliederungspunkte oder an die Geschichten, die der Pastor erzählte, um diese Punkte zu illustrieren?

Bei Campus für Christus bitten wir jeden neuen Mitarbeiter und jeden, der unsere Kurse besucht, ein dreiminütiges Zeugnis aufzuschreiben, auszufeilen und auswendig zu lernen. Es soll drei grundlegende Punkte abdecken:

(1) Wie sah Ihr Leben aus, bevor Sie Jesus annahmen?
(2) Wie haben Sie Jesus angenommen?
(3) Wie sieht Ihr Leben aus, seitdem Sie Jesus angenommen haben?

Wir fordern jeden auf, so konkret wie möglich zu sein, wenn es paßt auch humorvoll, aber auf jeden Fall sehr deutlich, wenn er erklärt, wie er Jesus in sein Leben aufgenommen hat (so daß der Zuhörer, wenn er keine andere Gelegenheit mehr bekäme, nach diesem dreiminütigen Zeugnis wüßte, wie er Jesus als seinen Herrn annehmen kann).

Ich möchte Ihnen auch empfehlen, sich ihr eigenes Dreiminuten-Zeugnis einzuprägen. Üben Sie es mit einem Freund ein. Sie werden überrascht sein, wie oft Sie es in Gesprächen über Ihren Glauben an Jesus Christus verwenden können – und wie sehr es Ihnen helfen kann, von einer lockeren Unterhaltung zum Evangelium überzuleiten.

Rückfragen stellen

Eine der wirksamsten Methoden, zu einem Gespräch über das Evangelium zu gelangen, besteht darin, eine Reihe von direkten Fragen zu stellen. Hierbei spielt es keine Rolle, ob Sie nur ein paar Minuten mit jemanden zusammen sind oder ob Sie diesen Menschen schon Ihr Leben lang kennen.

Die erste Fragengruppe, die ich Ihnen vorstelle, ist hilfreich, wenn ein Nichtchrist gerade eine christliche Veranstaltung besucht hat (einen Gottesdienst, einen Vortrag, ein Konzert oder eine Bibelstunde) oder wenn Sie ihm ein Buch, eine Zeitschrift oder eine Kassette gegeben haben. Nach der Veranstaltung oder nachdem der andere Gelegenheit hatte, sich das, was Sie ihm gegeben haben, zu lesen oder anzuhören, können Sie ihn fragen:

1. »Was halten Sie von dem Konzert?« (oder Gottesdienst oder Buch usw.)

2. »Ergibt es für Sie einen Sinn?«

3. »Haben Sie auch diese Erfahrung gemacht und Jesus Christus persönlich kennengelernt?«

4. »Würden Sie das gerne?«

Achten Sie genau auf seine Antwort auf jede Frage, und stellen Sie dann in der hier angegebenen Reihenfolge die nächste Frage. Sie werden sehen, daß jede dieser Fragen das Gespräch weiterführt, unabhängig davon, welche Antwort auf die vorhergehende Frage gegeben wurde. Die vierte Frage bietet eine natürliche Einleitung, um das Evangelium zu verkünden.

Wir haben zahlreichen christlichen Schülern, Studenten und Ehrenamtlichen beigebracht, nach einem christlichen Konzert oder Theaterstück oder einer anderen Veranstaltung mit diesen Fragen auf ihre Freunde zuzugehen. Zum Beispiel könnten Sie nach einem Konzert mit der christlichen Sängerin Cae Gauntt Dutzende von kleinen Gesprächsgruppen im Publikum sehen, wenn Christen die Initiative ergreifen würden, um andere zu fragen: »Was hältst du von diesem Konzert? Ergeben ihre Bemerkungen über Jesus Christus für dich einen Sinn? Hast du schon diese Erfahrung gemacht und Jesus Christus persönlich kennengelernt? Würdest du das gern?«

In der Mehrzahl der Fälle sagt derjenige, der auf die dritte Frage mit »nein« oder »da bin ich mir nicht sicher« antwortet, auf die vierte »ja« oder »vielleicht«. Und die Tür ist offen für das Evangelium.

Andere hilfreiche Fragen

Ich will noch einmal betonen, daß ohne die richtige Motivation (Liebe) diese Fragen schulmeisterlich klingen können. Es ist also entscheidend, diese Fragen einfühlsam und freundlich und in einem liebevollen Ton zu stellen.

Andere Fragen, mit denen man das Gespräch auf Jesus lenken kann:

* »Was ist Ihrer Meinung nach heute das größte Grundproblem der Menschen?«

*   »Würden Sie sich als religiös bezeichnen?«
*   »Was würden Sie dazu sagen, den Gott, zu dem Sie Ihr ganzes Leben lang gebetet haben, persönlich kennenzulernen?« (passend für jemanden mit einem religiösen Hintergrund, der aber Jesus noch nicht persönlich kennt)
*   »Wenn Sie heute sterben würden, wüßten Sie dann sicher, daß Sie von Gott angenommen würden?«
    Bei »ja«: »Woher wissen Sie das?«
    Bei »nein«: »Wüßten Sie das gern genau?«

Ich will Ihnen Mut machen, sich diese Fragen einzuprägen. Das Ziel ist, diese Fragen ganz natürlich in Ihr Gespräch einzubauen.

Zusammenfassung

*   Freundschaftsevangelisation hat ihren Platz, vor allem bei engen Freunden, Arbeitskollegen und Familienangehörigen.
*   Allerdings kann Freundschaftsevangelisation leicht als Ausrede dafür benutzt werden, das Evangelium überhaupt nicht weiterzusagen. Deshalb ist es auch wichtig, nach dem Prinzip der Initiativevangelisation zu leben.
*   Sie können eine Unterhaltung ganz natürlich auf Jesus hinlenken. Dazu sind fünf Schritte hilfreich:
    Liebe als Ausgangspunkt
    Eine Beziehung aufbauen
    Über Jesus sprechen
    Persönliche Beispiele erzählen
    Rückfragen stellen

Zum Nachdenken und Handeln

1. Haben Sie sich durch die Philosophie der Freundschaftsevangelisation davon abhalten lassen, über Jesus Christus zu sprechen, obwohl Sie dazu die Gelegenheit gehabt hätten?
2. Lassen Sie die Initiativevangelisation zu Ihrem Leitprinzip bei persönlicher Evangelisation werden.
3. Nehmen Sie sich in der nächsten Woche die Zeit, Ihr dreiminütiges Zeugnis aufzuschreiben und prägen Sie es sich ein.
4. Üben Sie bei Gelegenheit die in diesem Kapitel vorgestellten Fragen in Ihrer Gesprächsführung.

In der Kürze liegt die Würze

Nach einem Vortrag vor mehreren Pastoren wartete ein Mann, bis ich mich von allen anderen verabschiedet hatte. Als der Raum fast leer war, kam er schließlich auf mich zu und stellte sich vor.

»Ich gebe seit Jahren meinen Glauben weiter«, sagte er, und Frustration lag in seiner Stimme. »Aber trotz meiner Bemühungen nehmen nur sehr wenige Jesus Christus an. Können Sie mir sagen, was ich falsch mache?«

»Was sagen Sie denn, wenn Sie einem Menschen Jesus nahebringen wollen?« fragte ich.

Er erklärte mir sein Konzept; es war lang, kompliziert und predigthaft. Ich hatte den Eindruck, daß die vielen Bibelverse, die er benutzte, und sein ausführlicher Kommentar zu jedem Vers die meisten verwirrten und daran hinderten, eine klare Entscheidung zu treffen.

»Ich bitte Sie, einen Versuch zu wagen«, schlug ich ihm vor. »Ich will Ihnen ein Heft über das Evangelium mitgeben, das sich knapp und präzise auf Jesus Christus konzentriert. Verwenden Sie es im nächsten Monat bei allen Ihren Gesprächen über Jesus Christus und rufen Sie mich danach an und sagen mir, was dabei herausgekommen ist.«

Nach nur zwei Wochen rief er mich an. Die Stimme am Telefon klang ganz begeistert. »Bill, ich kann es kaum glauben! Ich habe mit anderen einfach dieses Heft durchgelesen, und es haben sich in den letzten zwei Wochen mehr Menschen für ein Leben mit Jesus entschieden als sonst in einem halben Jahr.«

Fehler bei der Weitergabe der Botschaft

Wir Christen geben es nicht gern zu, aber wir machen uns oft schuldig, weil wir das Evangelium so langweilig und umständlich formulieren, daß die wesentlichen Wahrheiten der Bibel nicht richtig zur Geltung kommen. Es fällt uns schwer, aus den zahlreichen Bibelstellen auszuwählen, was man weitergeben soll und was man sich für später aufheben kann.

Außerdem stehen wir in der Gefahr zu glauben, daß wir längst über solche einfachen Wahrheiten wie »Denn also hat Gott die Welt geliebt...« erhaben seien, und neigen dann dazu, unsere Verkündigung des Evangeliums viel zu intellektuell zu verpacken.

Der gerade genannte Pastor und viele andere Christen haben eines der dynamischsten Prinzipien wirksamer persönlicher Evangelisation entdeckt: *In der Kürze liegt die Würze.*

Ich bin davon überzeugt, daß einer der Gründe für den außergewöhnlichen »Erfolg«, den wir bei Menschen wie Dwight L. Moody und Billy Graham sehen, in der Einfachheit ihrer Botschaft liegt. Ohne jede Abschweifung konzentrier(t)en sich diese Prediger auf Jesus Christus und benutzen bei ihrer Verkündigung nur wenige fundamentale Wahrheiten in ihrer Verkündigung. Und ihre einfache, logische Botschaft hat schon unzählige Menschen in Gottes Reich geführt.

Vor einigen Jahren fragte mich einer der bekanntesten amerikanischen Theologen, ob er mit mir über etwas sprechen könne, das ihm am Herzen liege. Er war mir immer ein echter Freund, und ich liebe und respektiere ihn sehr. Aber bei diesem speziellen Besuch sagte er: »Bill, du bist der Leiter einer großen christlichen Bewegung. Aber du trittst viel zu einfach auf – fast schon antiintellektuell. Du mußt in deinen Reden und Büchern gelehrter auftreten.«

Ich dachte einen Augenblick über seine Worte nach, wußte aber schon, wie meine Antwort lauten würde. »Ist dir jemals aufgefallen«, erwiderte ich, »daß Jesus Christus selbst so einfach gesprochen hat, daß ihn auch das ungebildete Volk verstehen konnte und Ihn voll Freude annahm?«

Sein Unterkiefer klappte im wahrsten Sinne des Wortes nach unten. Er schien so verblüfft, als ob ich ihn tief getroffen hätte. Nachdem er ein paar Augenblicke nachgedacht hatte, gab er zu: »So habe ich es noch nie gesehen... Aber du hast recht. Manchmal blähen wir uns in unserer Lehre und Sprache so auf, daß wir keinen Blick mehr für echte Verkündigung haben.«

Als Vonette und ich im Jahre 1951 an der Universität von Kalifornien in Los Angeles Campus für Christus ins Leben riefen, lernten wir sehr schnell, daß sich Studenten – ob sie nun Physik oder Philosophie studierten – von einer ausführlichen philosophischen Verkündigung des Evangeliums nicht beeindrucken ließen.

Sie waren von Jesus Christus beeindruckt – wer Er ist, was Er für sie getan hat, und wie sie Ihn persönlich kennenlernen können. Also arbeiteten wir in den ersten Jahren unseres Dienstes eine Darstellung des Evangeliums aus, die so klar und einfach wie möglich war.

Gott segnete diese Arbeit, und wir erlebten, daß Studenten, Studentenführer, Landesmeister in verschiedenen sportlichen Disziplinen, Leiter der Studenten- und Studentinnenvereinigungen, Professoren und Universitätsangestellte zu Jesus kamen. Viele von diesen neuen Christen gingen in den vollzeitlichen christlichen Dienst; andere bekennen Jesus heute in ihrem Beruf; und viele schlossen sich uns an und begannen diese Arbeit an anderen Universitäten.

»Verkündigungsmüdigkeit«

Was ich damals jedoch noch nicht erkannte, war, daß bei der Verkündigung des Evangeliums Beständigkeit nötig ist. Bei einer Mitarbeiterschulung im Sommer 1956 war einer unserer Sprecher ein christlicher Verkaufsberater. Er betonte, daß ein erfolgreicher Kaufmann sein Produkt so klar, einfach und verständlich darbieten muß, daß er diese Darstellung immer wieder verwenden kann. Er nannte dieses Prinzip: »Sag's einfach und deutlich«. Zugleich warnte er, daß ein Verkäufer, wenn er es müde ist, sich immer wieder dieselbe Botschaft sagen zu hören, und sich bei ihm eine »Verkündigungsmüdigkeit« einstellt, oft die Form, in der er sein Produkt darstellt, ändert und damit den Erfolg verschenkt.

Seine nächste Aussage ließ mich aufhorchen. »Wenn wir also über unseren Glauben an Jesus Christus sprechen, müssen wir ganz genauso wie unser erfolgreicher Verkäufer auch eine einfache, verständliche, logische Darstellung entwickeln«, sagte er zu seinen Zuhörern. »Und wir müssen bei dieser Darstellungsform bleiben und dürfen nicht der ›Verkündigungsmüdigkeit‹ erliegen.«

Ich war mir nicht ganz sicher, ob ich ihm da recht geben sollte. Ich dachte, daß Gott Spontaneität – so zu verkündigen, wie der Heilige Geist führt – eher honorierte als eine vorbereitete Verkündigung aus der »Konserve«. Aber wenn mich seine erste Aussage aufhorchen ließ, dann warf mich die nächste Bemerkung fast vom Stuhl.

»Euer Präsident Bill Bright glaubt, er habe eine besondere Botschaft für jede der verschiedenen Gruppen, mit denen er spricht. Er spricht in Elendsvierteln, in Gefängnissen und jetzt hier vor Studenten und Gemeindemitarbeitern. Ich habe ihn zwar nie sprechen hören, aber ich möchte wetten, daß er nur eine Botschaft für alle hat. Im Grunde erzählt er ihnen allen dasselbe.«

Ich rutschte ungemütlich auf meinem Stuhl hin und her und hoffte, meine Vorbehalte gegenüber seinen Worten könne man nicht auf meinem Gesicht ablesen. Wie sollte ich oder irgend jemand anders, der wirklich von ganzem Herzen dem Herrn dienen will, nicht vom Heiligen Geist geführt werden und in jeder Situation konkret auf den betreffenden Mitmenschen eingehen? Und wie konnte dieser Mann die Kühnheit besitzen, mich vor meinem Mitarbeiterstab so in Verlegenheit zu bringen?

Als die Veranstaltung vorbei war, hatte ich immer noch gemischte Gefühle hinsichtlich der Worte dieses Sprechers. Erst als ich anfing, darüber nachzudenken, was ich bei verschiedenen Gelegenheiten zum Gespräch über Jesus Christus eigentlich genau sagte, fragte ich mich: *Verkündige ich denn jedem dieselbe grundlegende Botschaft? Ist meine Botschaft wirklich so einfach?*

Ein großartiger Prediger oder ein großartiger Herr?

In der Anfangsphase meines Christenlebens hörte ich einen brillanten Redner in der Presbyterianischen Gemeinde in Hollywood sprechen gehört, der mit seiner Redekunst die ganze Gemeinde faszinierte. Da ich am

Gymnasium und an der Universität auch Rhetorik und Theaterspielen gelernt hatte, erschien es mir nur logisch, daß Gott auch mich dazu auserwählt hatte, ein redegewandter Prediger zu werden. Schon vor längerer Zeit aber hat Gott uns einen Mann geschickt, der uns mit folgender Frage herausforderte: »Wenn Sie von Ihrer Kanzel herunterkommen, sagen die Leute dann, was für ein großartiger Prediger Sie sind oder was für einem großartigen Herrn Sie dienen?«

Meine Seifenblase zerplatzte auf der Stelle. Dieser Mann hatte natürlich recht. Ich beschloß damals, es sei wichtiger, daß man sagte, ich diene einem großartigen Herrn, als daß man mich für einen großartigen Prediger hielt.

Nach dem Vortrag des Verkaufsberaters bei unserer Mitarbeiterschulung schrieb ich die Grundgedanken auf, die ich verkündigte, wenn ich mit anderen über meinen Glauben sprach, und zu meinem Erstaunen stellte ich fest, daß er vollkommen recht hatte. Ohne es zu merken, sagte ich in jeder Situation praktisch dasselbe, ob im Gefängnis, in den Armenvierteln oder vor Studenten, Geschäftsleuten oder Universitätsprofessoren. Und meine Verkündigung des Evangeliums hatte sich häufig als wirksam erwiesen.

Die »Vier geistlichen Gesetze«

Was ich an jenem Nachmittag niederschrieb, ist unter dem Titel »Gottes Plan für Ihr Leben« bekannt, eine zwanzigminütige Darlegung, die meine Mitarbeiter auswendig lernten und anwandten, wenn sie anderen das Evangelium verkündeten. Innerhalb eines Jahres vervielfachten sich unsere positiven Ergebnisse bei der persönlichen Evangelisation.

Schließlich erkannten wir, daß wir eine kürzere Version brauchten, und so arbeitete ich eine gekürzte Darstellung des Evangeliums mit den entscheidenden Bibelversen und Diagrammen aus. Ich ließ die Mitarbeiter auch diese Version auswendig lernen, und mehrere Jahre lang schrieben wir sie beim Gespräch über Jesus Christus auf die Rückseite unseres Verteilblattes.

Als aber immer mehr ehrenamtliche Mitarbeiter an unseren Kursen über persönliche Evangelisation teilnahmen, war es klar, daß wir unsere Botschaft in gedruckter Form für jeden zugänglich machen mußten.

Das war die Geburt der »Vier geistlichen Gesetze«. Sie helfen dem Leser, zu erkennen, daß es genauso, wie es phykalische Gesetze gibt, nach denen die physikalische Welt abläuft, auch geistliche Gesetze gibt, die die Beziehung des Menschen zu Gott regeln. Schlüsselverse verdeutlichen die Gültigkeit dieser Gesetze, und einfache Diagramme helfen dem Leser, die Konzepte auf sein eigenes Leben zu übertragen.

Wir glauben nicht, daß diese Darstellung des Evangeliums die einzige Möglichkeit der persönlichen Evangelisation ist; wir glauben noch nicht einmal, daß sie die beste ist. Aber wir können bezeugen, daß zahlreiche Menschen auf der ganzen Welt durch diese direkte, einfache Darlegung Jesus Christus als ihren Herrn und Heiland angenommen haben. Viele Christen, darunter auch Theologieprofessoren und Pastoren, entdecken, daß dieses kleine Heft ihnen bei ihrer eigenen Verkündigung entscheidend hilft. Ungefähr 1½ Milliarden Exemplare wurden in allen wichtigeren Sprachen der Welt gedruckt, und mindestens fünfzig andere christliche Organisationen haben dieses Heft für ihre eigene Verkündigung übernommen.

Neben der bekannten Broschüre mit dem Titel »Kennen Sie schon die vier geistlichen Gesetze?« gibt es auch eine Broschüre mit dem Titel »Gott persönlich kennenlernen«. Die Botschaft ist in beiden Heften im Grunde dieselbe; sie wird hier aber persönlicher dargestellt.

In der Kürze liegt die Würze

Es stimmt wirklich: In der Kürze liegt die Würze. Zum Beispiel hat mein Freund Klaus einen zwanzigjährigen Cousin, seines Zeichens Computerfreak, der nur in wissenschaftlichen Kategorien denkt. Dieser Cousin sagte eines Tages zu Klaus, daß er gern wüßte, ob es einen Gott gebe. Klaus antwortete: »Ich glaube, genauso wie du deine physikalischen Gesetze hast, die die natürlichen Vorgänge regeln, gibt es auch geistliche Gesetze, die die Beziehung des Menschen zu Gott regeln. Hier habe ich ein Heft, in dem das erklärt wird.«

Klaus las mit ihm laut die »Vier geistlichen Gesetze« durch, und sie leuchteten seinem Cousin ein. Der junge Mann betete gerne das am Ende des Heftes vorgeschlagene Gebet und bat Jesus Christus, in sein Leben zu kommen, dann nahm er das Heft mit und führte damit auch seine Verlobte zu Jesus.

Vor einigen Jahren besuchte ich zwei liebe Freunde, einen Arzt und seine Frau, die mich fragten, ob ich nicht einmal mit ihrem Bruder über Jesus Christus sprechen könnte. »Er ist kein Christ, aber er ist ein guter Mensch«, erklärten sie mir. Ihr Bruder ist ein Wirtschaftswissenschaftler und ein angesehener Geschäftsmann. »Wir arrangieren ein Treffen zwischen dir und ihm«, versprachen sie mir.

Ein paar Wochen später, als ich den Bruder traf, unterhielten wir uns ein paar Minuten lang über die momentane Weltsituation und über die Nöte der Zeit, in der wir lebten. »Wissen Sie«, leitete ich zu meinem Thema über, »ich glaube, der einzige, der uns in all diesen Krisen helfen kann, ist Jesus Christus.«

Ich schaute ihm ins Gesicht, um zu sehen, wie er reagierte. »Da gebe ich Ihnen recht«, nickte er.

»Ich habe hier etwas, das ich Ihnen gern zeigen würde.« Ich zog die Broschüre über die »Vier geistlichen Gesetze« aus meiner Tasche, hielt sie so, daß er mitlesen konnte, und las sie mit ihm durch. Nach jeder wichtigen Aussage meinte er: »Das klingt logisch. Das sehe ich auch so.«

Wir lasen das vorgeschlagene Gebet durch. »Drückt dieses Gebet das aus, was Sie denken?« fragte ich.

»Auf jeden Fall.«

»Würden Sie es jetzt gern beten?«

»Natürlich.«

Und so beteten wir miteinander, und er bat Jesus, in sein Leben zu kommen.

Ungefähr ein halbes Jahr später besuchte ich ihn in seinem Büro in New York. »Wissen Sie eigentlich, daß mein Leben, seit ich Sie kennengelernt habe, eine Wende um 180 Grad genommen hat?« lächelte er.

Die erste Erfahrung eines Predigers

Ich könnte stundenlang weitererzählen. Ich denke an einen Prediger, der schon seit Jahren in der Verkündigung des Evangeliums arbeitete. Er besuchte ein Treffen, bei dem ich über das Leben aus der Kraft des Heiligen Geistes sprach. Später sagte er mir, daß er jetzt zum ersten Mal die Sendung des Heiligen Geistes verstehe und für sich in Anspruch nehmen könne. Ungefähr fünf Monate später rief er mich spät abends an und verkündete mir voll Freude, daß er gerade seinen ersten Menschen zu Jesus geführt habe.

Er ist ein anerkannter Pastor, und ich bin mir sicher, daß durch seine Verkündigung in der Kirche und im Fernsehen zahlreiche Menschen zum Glauben an Jesus gekommen sind. Aber er hatte nie *persönlich* einen Menschen zu Jesus geführt. Seine Tochter hatte an unseren Kursen teilgenommen, wo sie lernte, mit den »Vier geistlichen Gesetzen« zu arbeiten, und sie hatte dieses Heft dann ihrem Vater gegeben.

Ein US-Senator nimmt Jesus als Herrn an

Der US-Senator Bill Armstrong aus Colorado berichtet, welche Rolle die »Vier geistlichen Gesetze« bei seiner persönlichen Entscheidung für Jesus Christus gespielt haben:

Mit fünfundzwanzig wurde ich ins Repräsentantenhaus gewählt und dann für acht Jahre in den Senat. 1972 wählte man mich in den Kongreß. Dieser Erfolg gab mir Genugtuung und forderte mich heraus, aber trotzdem war mein Leben leer.

Nach ein paar Jahren in Washington fing meine Frau Ellen an, ernsthaft in der Bibel zu lesen und sich mit Christen zu treffen, die sie zu einer Beziehung zu Jesus Christus führten. Als sie mir ihre neue Beziehung erklärte, erkannte ich, daß sie etwas Wertvolles und Sinnvolles entdeckt hatte, das auch meinem Leben einen Sinn geben könnte. Zum ersten Mal verstand ich, daß zum Christsein mehr gehört, als Mitglied einer Gemeinde zu sein und zu versuchen, ein gutes Leben zu führen.

Im November 1975 ging ich nach gutem Zureden eines meiner Kollegen zu einer Versammlung, bei der Bill Bright sprach. Später führte mich Dr. Sam Peeples, einer von Bills Freunden von der Christlichen Botschaft in Washington, durch das Heft, das die Vier geistlichen Gesetze erklärte und mir zeigte, wie ich Jesus annehmen könnte. Als wir zusammen beteten, bat ich Jesus Christus, mir meine Sünden zu vergeben und mein

Herr und Heiland zu sein. Diese Entscheidung fiel mir sehr leicht, denn ich wußte, daß mir etwas Lebensnotwendiges in meinem Leben fehlte – etwas, das mir nur Jesus geben konnte.

Mein Leben begann sich zu verändern, wenn auch nicht auf einen Schlag, aber doch jeden Tag ein bißchen mehr. Am auffälligsten war, daß Jesus der Mittelpunkt unseres Familienlebens wurde. Ich wünschte mir, bei unseren tagtäglichen Sorgen meiner Familie im Vertrauen auf Gott als gutes Beispiel voranzugehen.

Meine Beziehung zu Jesus Christus hat mir auch im Kongreß eine neue Perspektive gegeben. Als Senator bete ich jeden Tag, daß Gott die Kontrolle über mein Leben übernimmt, damit ich meine Urteile und Entscheidungen aufgrund Seiner Weisheit und unter Seiner Führung fälle. Natürlich behaupte ich nicht, daß ich immer genau so abstimme, wie z.B. Jesus abstimmen würde, oder daß die Stimmen der Opposition gegen Ihn seien. Aber ich bemühe mich darum, das zu tun, wovon ich glaube, daß es richtig ist, und ich vertraue darauf, daß Gott mich führt.

Alle wesentlichen Punkte

Gelegentlich höre ich jemanden sagen, daß die »Vier geistlichen Gesetze« das Evangelium zu sehr vereinfachen – daß bei etwas, das so stark gekürzt ist, einige wesentliche Punkte fehlen müssen. Viele Jahre lang haben wir bei unseren Schulungen für Studenten, ehrenamtliche Gemeindemitarbeiter und Pastoren die Teilnehmer gebeten, uns dabei zu helfen, alles aufzulisten, was ein Mensch ihrer Meinung nach wissen sollte, bevor er eine gültige Entscheidung für Jesus treffen kann.

Wir erhielten normalerweise fünfundzwanzig bis fünfzig Vorschläge, die wir alle an die Tafel aufschrieben. Zu dieser Liste gehörte immer wieder:

Der Mensch ist ein Sünder.
Der Mensch ist verloren.
Gott hat uns so sehr geliebt, daß Er Seinen Sohn hingab.
Jesus ist für unsere Sünden gestorben.
Jesus ist auferstanden.
Er will in jedes Leben kommen.
Wir müssen umkehren.
Wir müssen wiedergeboren werden.
Wir müssen Jesus Christus annehmen.
Wer Ihn in sein Leben aufnimmt, wird ein Kind Gottes.

Als alle Vorschläge aufgeschrieben waren, lasen wir gemeinsam die »Vier geistlichen Gesetze« durch und suchten nach den Punkten an der Tafel, die vom ersten Gesetz abgedeckt wurden. Diese Punkte wurden dann ausgewischt. Nach derselben Methode lasen wir die drei übrigen Gesetze durch. Am Ende des Heftes war die Tafel immer sauber. Alle wesentlichen Punkte – der Kern des Evangeliums – sind in den »Vier geistlichen Gesetzen« und in »Gott persönlich kennenlernen« enthalten.

Gottes Weisheit oder Menschenweisheit

Einer unserer früheren Mitarbeiter, ein eifriger Bibelschüler, der danach ein bekannter Bibellehrer und christlicher Bestseller-Autor wurde, lernte aus eigener Erfahrung, was »Verkündigungsmüdigkeit« ist – und daß wirklich in der Kürze die Würze liegt. Mehrere Jahre verwendete er bei seiner persönlichen Evangelisation mit viel Erfolg das Heft über die »Vier geistlichen Gesetze«. Aber je mehr er die Bibel studierte, desto mehr begann er, seine Botschaft mit weiteren Erkenntnissen und anderen Lehrsätzen, die er bei seinen Bibelstudien gewonnen hatte, zu erweitern.

Eines Tages besuchte er mich. »Bill, ich verstehe das einfach nicht. Ich liebe die Menschen, mit denen ich über meinen Glauben spreche. Ich achte darauf, daß es keine Sünde in meinem Leben gibt, die ich Gott nicht bekannt habe... Ich glaube nicht, daß ich zu dominant auftrete. Aber ich erziele einfach nicht dieselben positiven Reaktionen auf das Evangelium wie früher.«

»Machen Sie irgend etwas anders als früher?« fragte ich ihn.

Es war, als hätte jemand hinter seinen Augen das Licht angeschaltet. Er erkannte plötzlich, daß er ganz genauso wie der Verkäufer mit »Verkündigungsmüdigkeit« seine Darstellung des Evangeliums verändert hatte, und das hatte ihn um den »Erfolg« gebracht.

»Wagen Sie einmal ein Experiment. Benutzen Sie im nächsten Monat nur die ›Vier geistlichen Gesetze‹. Blähen Sie sie nicht durch Ihre eigenen Gedanken oder andere Themen auf. Gehen Sie sie direkt durch, ganz genauso wie Sie es früher gemacht haben.

Danach wollen wir uns wieder treffen und sehen, was passiert ist.«

Er ging zu den Grundlagen zurück, wie sie in dem Heft über die ›Vier geistlichen Gesetze‹ stehen, und erzielte beeindruckende Ergebnisse. Die Menschen nahmen das Evangelium wieder voll Begeisterung auf.

»Gott gefiel es wohl, durch die einfache Predigt selig zu machen«, sagt uns die Bibel. Und wir haben immer wieder den Beweis dafür gesehen. In der Kürze und Einfachheit liegt die Würze.

Zusammenfassung

* Wir neigen oft dazu, das Evangelium zu intellektuell zu verpacken; dadurch wirkt unsere Verkündigung der Frohen Botschaft oft eher verwirrend als klar und deutlich.

* Wir erhöhen unsere Wirksamkeit bei der Verkündigung, wenn wir ein festes System benutzen, das alle wesentlichen Wahrheiten des Evangeliums klar und einfach darlegt.

* Im Laufe der Jahre haben Christen aus allen Lebensbereichen festgestellt, daß es ihnen leichter fällt, mit dem Heft »Gott persönlich kennenlernen« oder »Vier Geistliche Gesetze« mit Familienangehörigen, Freunden, Nachbarn, Arbeitskollegen und Gelegenheitsbekanntschaften über Jesus Christus zu sprechen.

Zum Nachdenken und Handeln

Wenn Sie nur fünf Minuten Zeit hätten, um jemandem die wesentlichen Elemente des Evangeliums darzulegen, könnten Sie das klar und leichtverständlich tun?

Die Gute Nachricht weitergeben

Im ersten Kapitel habe ich Ihnen von mehreren Christen erzählt, die sich für unfähig hielten, ihren Glauben an Jesus Christus weiterzugeben. Nach nur wenigen Stunden, in denen sie lernten, mit dem Heft »Gott persönlich kennenlernen« zu arbeiten, konnte jeder von ihnen einen Menschen zum Herrn führen.

Sabine führte eine ihrer Nachbarinnen zu Jesus, und ihr Mann Stefan führte seine Mutter und Sabines Vater zu Ihm.

Alfred benutzte diese Art der persönlichen Evangelisation in einem Gefängnis und führte dort einen Häftling zum Glauben.

Robert berichtet, daß er ständige »Erfolge« sehe, wenn andere durch sein Zeugnis Gottes Liebe annehmen.

Katrin führte ihre Nachbarin Susanne zu Jesus.

Alle diese Menschen und zahlreiche andere ergreifen auch weiterhin die Initiative, um in der Macht des Heiligen Geistes über Jesus Christus zu sprechen und es Gott zu überlassen, was Er daraus macht. Und Gott honoriert ihren Glauben.

Wie diese Mitchristen werden auch Sie entdecken, wie leicht Sie bei Ihrer persönlichen Evangelisation das »Gott persönlich kennenlernen« einsetzen können. In diesem Kapitel wollen wir das Heft Seite für Seite durcharbeiten, damit Sie sehen, auf welche Weise es das Wort Gottes darstellt und Nichtchristen zu einer Entscheidung für Jesus Christus führt. Die Prinzipien, die Sie in diesem Kapitel erlernen, gelten auch für die »Vier geistlichen Gesetze«.

Die Vorteile erkennen

Im Laufe der Jahre haben diejenigen, die mit Hilfe des Heftes mit anderen über Jesus Christus sprechen, mehrere Vorteile entdeckt:
1. Das Heft hilft Ihnen, in praktisch jeder Situation, in der Sie über Ihren Glauben sprechen können, bereit zu sein.
2. Es gibt Ihnen Vertrauen, weil Sie wissen, was Sie sagen sollen und wie Sie es sagen sollen.
3. Es ermöglicht Ihnen, sich kurz zu fassen.
4. Es hilft Ihnen, ein Gespräch zu beginnen. Sie können einfach sagen: »Dieses Heft war für mich sehr hilfreich. Darf ich es Ihnen einmal erklären?«
5. Es beginnt mit einer positiven Aussage: »Gott liebt Sie.«
6. Es stellt die Aussagen Jesu deutlich dar.
7. Es enthält eine Einladung, Jesus anzunehmen.
8. Es bietet Vorschläge für geistliches Wachstum.
9. Es betont die Bedeutung der Gemeinde.
10. Es hilft Ihnen, beim Thema zu bleiben.
11. Es gibt Ihnen etwas Greifbares in die Hand, das Sie dem anderen geben können, entweder, um das Bekenntnis, das er ausgesprochen hat, zu bekräftigen, oder um es für eine spätere Entscheidung aufzuheben.

Vorbereitung

Beten Sie.

Wie wir bereits hervorgehoben haben, ist das Gebet eine wesentliche Grundlage für erfolgreiche persönliche Evangelisation. Bitten Sie Gott jedes Mal, wenn Sie mit Ihm den Tag beginnen, Sie Seiner Führung gegenüber sensibel und gehorsam zu machen, wenn Sie mit Freunden, lieben Angehörigen, Nachbarn, Arbeitskollegen und flüchtigen Bekannten zusammenkommen. Bitten Sie Ihn, die Herzen der Menschen, zu denen Er Sie vielleicht führt, vorzubereiten, und Ihnen Weisheit zu schenken, wenn Sie Seine Liebe weitergeben. Beten Sie außerdem im stillen, wenn Sie anfangen, über das Evangelium zu sprechen, daß Gott so durch Sie sprechen möge, daß der Hörer mit seinem Verstand und mit seinem Herzen eine Entscheidung treffen kann.

Vergewissern Sie sich, daß der Heilige Geist Sie leitet.

Vergewissern Sie sich jeden Morgen, daß Jesus das Kontrollzentrum Ihres Lebens ist. Wenn der Heilige Geist nicht Ihr Leben regiert, dann kommen Ihre ganzen Bemühungen aus Gesetzlichkeit und nicht aus Liebe. Praktizieren Sie das Prinzip des geistlichen Atmens, wenn der Heilige Geist Ihnen eine Sünde in Ihrem Leben bewußt macht. Atmen Sie das Unreine aus (bekennen Sie jede nicht bekannte Sünde) und atmen Sie das Reine ein (übergeben Sie Gott die Herrschaft über Ihr Leben und lassen Sie die Herrschaft und Macht des Heiligen Geistes über Ihr Leben zu).

Haben Sie immer einige dieser Hefte bereit.

Haben Sie immer zwei oder drei Hefte »Gott persönlich kennenlernen« in Ihrer Tasche. Wie Sie an den Erlebnissen in diesem Buch sehen, weiß man nie, wann sich die Gelegenheit ergibt, daß Sie eines brauchen können. Die meisten christlichen Buchläden haben sie auf Lager.

Beherzigen Sie die fünf wichtigen Schritte.

Lesen Sie noch einmal »Ein Gespräch über Jesus Christus beginnen«. Gehen Sie in Liebe auf andere zu. Nehmen Sie sich die Zeit, eine Beziehung aufzubauen. Sprechen Sie über Jesus (lassen Sie das Gespräch nicht abschweifen). Berichten Sie von Ihren eigenen Erfahrungen (Ihr dreiminütiges Zeugnis), wenn es die Zeit erlaubt. Stellen Sie Rückfragen, mit denen Sie das Gespräch auf dieses Heft hinlenken.

»Gott persönlich kennenlernen« vorstellen

Seien Sie für die Führung des Heiligen Geistes und die Interessen des anderen offen.

Die einfachste Möglichkeit, »Gott persönlich kennenlernen« zu erklären, ist, das Heft laut vorzulesen. Achten Sie aber darauf, daß diese Verkündigungsform nicht mechanisch wird. Vergessen Sie nicht, daß Sie weder *predigen* noch dem Zuhörer etwas *vorlesen; Sie geben Zeugnis für Jesus Christus.* Sie stellen diesem Menschen den Herrn Jesus Christus vor, und das Heft »Gott persönlich kennenlernen« ist einfach nur ein Kommunikationsmittel. Beten Sie ständig dafür, daß sich Gottes Liebe durch Sie offenbaren möge.

Halten Sie das Heft so, daß der andere gut mitlesen kann.

Zeigen Sie Ihrem Gesprächspartner mit einem Bleistift oder Kugelschreiber, wo Sie gerade lesen.

Weichen Sie nicht vom Text des Heftes ab.

An dem Heft ist nichts Magisches. Aber im Laufe der Jahre haben unsere Mitarbeiter und die Studenten und ehrenamtlichen Gemeindemitarbeiter, die unsere Kurse besucht haben, die Erfahrung gemacht, daß es am besten ist, den Text so weiterzugeben, wie er geschrieben steht. Dies hilft, sicherzustellen, daß die wesentlichen Grundlagen des Evangeliums weitergegeben werden und daß sie nicht in Diskussionen um Randthemen verlorengehen.

Blocken Sie Fragen freundlich ab.

Wenn sich Fragen ergeben, die zu einem Themenwechsel führen würden, dann erklären Sie Ihrem Gegenüber, daß die meisten Fragen beantwortet werden, wenn Sie das Heft weiterlesen. In den meisten Fällen werden die Fragen des Zuhörers beantwortet, wenn er das Heft ganz gelesen hat. Wenn Sie nicht sicher sind, ob seine Frage in dem Heft beantwortet wird, dann können Sie sagen: »Das ist eine sehr gute Frage. Darüber sollten wir sprechen, wenn wir dieses Heft durchgelesen haben.« Sie werden feststellen, daß normalerweise diese Fragen an

Bedeutung verlieren, wenn der Zuhörer das Evangelium im Zusammenhang erkennt.

Seien Sie sensibel, wenn Sie über Ihren Glauben sprechen.

Wenn Sie den Eindruck haben, daß keine Reaktion kommt, dann hören Sie auf und fragen Sie: »Ergibt das für Sie einen Sinn?« Wenn der Zuhörer interessiert ist, aber unter Zeitdruck steht, dann geben Sie ihm das Heft und ermutigen Sie ihn, es abends durchzulesen. Wenn er sagt, daß er überhaupt kein Interesse habe, dann geben Sie ihm das Heft und sagen: »Vielleicht kommt eine Zeit, in der geistliche Dinge für Sie von Interesse *sind* – nehmen Sie es doch einfach mit, dann können Sie es lesen, wenn es Sie einmal interessiert.«

Es gibt Zeiten, zum Beispiel in einem lauten Flugzeug, in denen ich das Heft einfach einem Menschen gebe und ihn bitte, es zu lesen und mir danach zu sagen, was er davon hält. Wenn er es gelesen hat, spreche ich die entscheidenden Punkte an und lese ihm dann den vierten Punkt und das vorgeschlagene Gebet Wort für Wort vor.

Wenn Sie vor einer kleinen Gruppe Zeugnis geben...

Geben Sie jedem ein Heft. Beten Sie mit denen, die daran Interesse haben, Jesus Christus anzunehmen. Wenn nur einer Interesse hat, dann sprechen Sie mit ihm allein, wenn die anderen gegangen sind.

Machen Sie sich folgendes klar: Wenn Sie im Heiligen Geist wandeln, ist es wirklich Gottes Wille, daß Sie mit diesem Menschen über Ihren Glauben sprechen. Sie haben einen »göttlichen Termin«. Denken Sie daran: *Wirksames Zeugnis besteht darin: die Initiative zu ergreifen und anderen in der Macht des Heiligen Geistes von Jesus Christus zu erzählen und die Ergebnisse Gott zu überlassen.* Wenn Sie gehorchen, dann können Sie nicht versagen, unabhängig davon, welche Ergebnisse Sie erzielen!

Nach dem Lesen von »Gott persönlich kennenlernen«

Ich kann es nicht oft genug betonen, wie wichtig die Nachbetreuung für den neu zum Glauben Gekommenen ist. Wenn Sie in seiner Nähe wohnen, dann machen Sie auf jeden Fall mit ihm aus, sich innerhalb von zwei Tagen nach seiner Entscheidung zu treffen (vorzugsweise innerhalb eines Tages). Er hat höchstwahrscheinlich mehrere Fragen und kämpft vielleicht auch mit den verschiedensten Gefühlen. Sie können ihm helfen, eine solide Grundlage für sein neues Leben mit Gott zu bekommen.

Wenn Sie den neu zum Glauben Gekommenen nur kurz kennengelernt haben und weiter weg wohnen, dann nehmen Sie sich vor, ihn telefonisch und in Briefen weiterzubetreuen. Versuchen Sie, ihn am nächsten Tag anzurufen, um ihm zu versichern, daß Sie für ihn beten, um mögliche Fragen, die er vielleicht hat, zu beantworten und ihn zu ermutigen, das Material, das Sie ihm zusenden werden, zu lesen und durchzuarbeiten. Schicken Sie dann Ihren ersten Brief mit weiterführendem Material am nächsten Tag ab.

Mehr darüber finden Sie im nächsten Kapitel. In jedem Fall aber ist es wichtig, daß Sie:

1. dem neu zu Jesus Gekommenen Ihre Adresse und Telefonnummer geben.
2. sich seine Adresse und Telefonnummer geben lassen.
3. ihm das Exemplar mit den »Vier geistlichen Gesetzen« oder »Gott persönlich kennenlernen« geben und ihn ermutigen, es an diesem Abend noch einmal durchzulesen. Es ist auch wichtig, daß er anfängt, das Neue Testament zu lesen, und dabei am besten mit dem Johannesevangelium beginnt.
4. Wenn Sie in seiner Nähe wohnen, dann machen Sie innerhalb der nächsten zwei Tage einen Termin mit ihm aus, wann Sie sich wieder zu einem persönlichen Gespräch treffen wollen; wenn Sie nicht in seiner Nähe wohnen, dann bitten Sie ihn, anrufen zu dürfen, um »zu sehen, wie es ihm geht«.

Beachten Sie aber: Wenn der neu zum Glauben Gekommene zum anderen Geschlecht gehört, dann empfehle ich dringend, daß Sie einer Person jenes Geschlechtes die Weiterbetreuung überlassen. Ich sage Frauen zum Beispiel oft: »Ich kenne eine freundliche Christin, mit der Sie sich bestimmt gut verstehen würden. Hätten Sie etwas dagegen, wenn ich sie bitte, Kontakt zu Ihnen aufzunehmen?« Diese Vorsichtsmaßnahme kann helfen, mögliche Mißverständnisse und falsche Gefühle zu vermeiden.

Übung macht den Meister

Bei unseren Kursen über persönliche Evangelisation ziehen unsere Kursteilnehmer immer zu zweit los, damit sie einander helfen, über »Gott persönlich kennenlernen« zu sprechen. Ich möchte Ihnen Mut machen, sich eine Person zu suchen, mit der Sie das auch üben können, um das anfängliche Zittern über Bord zu werfen, das aufkommen mag, wenn Sie anfangen, das Heft laut vorzulesen. Sagen Sie dieser Person, sie solle ein »freundlicher Zuhörer« sein und keine Einwände vorbringen oder Fragen stellen. Das Ziel dieser Übung ist, Sie mit der grundsätzlichen Weitergabe Ihres Glaubens vertraut zu machen.

Zusammenfassung

* Es gibt eine ganze Reihe guter Gründe, warum Sie das Evangelium anhand bestimmter Schriften, wie zum Beispiel »Gott persönlich kennenlernen«, weitergeben sollten.

* Haben Sie immer zwei oder drei Exemplare der Broschüre »Gott persönlich kennenlernen« oder der »Vier geistlichen Gesetze« bei sich.

* Bleiben Sie eng am Text. Das hat sich in zahlreichen Situationen als wirksam erwiesen. Halten Sie das Heft beim Lesen so, daß der Zuhörer mitlesen kann.

* Wenn Sie unter Zeitdruck stehen, dann versuchen Sie wenigstens, das Heft bis zum vorgeschlagenen Gebet zu lesen. Wenn die Kürze der Zeit kein befriedigendes Gespräch über das Evangelium erlaubt, dann geben Sie Ihrem Zuhörer das Heft und bitten Sie ihn, es an diesem Abend durchzulesen.

* Versuchen Sie immer, den Namen, die Adresse und die Telefonnummer des neu zum Glauben Gekommenen für die Nachbetreuung zu erfahren.

Zum Nachdenken und Handeln

1. Lesen Sie sich das Heft mindestens dreimal laut vor, geradeso, als würden Sie es einem anderen Menschen vorlesen.

2. Lernen Sie Fragen auswendig, mit denen Sie in einem Gespräch eine Brücke zu den »Vier geistlichen Gesetzen« bzw. »Gott persönlich kennenlernen« bauen können. Üben Sie sie laut ein, so daß sie vollkommen natürlich für Sie klingen.

3. Bitten Sie einen positiv eingestellten christlichen Freund, als Zuhörer zu fungieren, während Sie die Brückenfragen und die Darlegung des Heftes üben.

4. Bitten Sie den Herrn im Gebet: »Herr, wem soll ich als erstes von dieser guten Nachricht erzählen?« Versprechen Sie Ihm, gehorsam zu sein, wenn Er Sie führt und sich die erste Gelegenheit zu einem Gespräch über Ihn ergibt.

5. Holen Sie sich in Ihrem christlichen Buchladen oder an Ihrem Büchertisch einen Vorrat an »Gott persönlich kennenlernen«.

*Eine liebevolle Nachbetreuung hilft dem neuen
Christen, einen guten Start und ein stabiles Fundament
für sein neues Leben zu bekommen*

Betreuung des neuen Christen

Vor mehreren Jahren reichte mir einer unserer Mitarbeiter eine Sportzeitschrift. Auf dem Titelblatt war der beste College-Footballspieler des Jahres abgebildet.

»Darf ich vorstellen: Ihr Urenkel«, sagte der Mitarbeiter und grinste dabei von einem Ohr zum anderen.

»Was soll das heißen?« fragte ich.

»Das ist so«, erklärte er. »Sie haben Jim zu Jesus geführt, Jim hat mich zu Jesus geführt und ich habe Steve [den Footballspieler] zu Jesus geführt.«

Es war ein richtiger Segen für mich, zu erleben, wie ein junger Mann, den ich zu Jesus Christus führen konnte, selber bereits für zwei Generationen neuer Christen verantwortlich war. Ich hatte ihn betreut, als er zum Glauben gekommen war, und er hatte dann einen anderen betreut, der wiederum den nächsten betreute.

Diese Betreuung ist für neue Christen besonders wichtig. In den Tagen, Wochen und Monaten nach ihrer Entscheidung für Jesus, erleben sie Zweifel und widersprüchliche Gefühle und fragen sich, was sie da eigentlich getan haben. Sie sind weiterhin derselben negativen, bestenfalls humanistischen Welt ausgesetzt, die ihre Weltanschauung vor ihrer Entscheidung für Jesus Chri-

113

stus geprägt hat. Sie werden weiterhin von Versuchungen bombadiert, diese sind oft sogar noch massiver als vorher. Und die Menschen, die sie am meisten lieben, tun ihre Entscheidung als unwichtig ab – oder machen sich sogar darüber lustig.

Deshalb ist die Nachbetreuung so entscheidend für den neuen Christen. Er ist nur ein »Baby« in Christus, das nach dem Erlebnis der neuen Geburt wieder in seine alte feindselige Welt zurückgeworfen wird. Er braucht Hilfe, um Gottes Liebe zu verstehen und zu sehen, wie das Leben mit Christus seinen Alltag verändert.

Wenn ein reifer Christ erkennt, wie wertvoll für Gott die Seele eines Menschen ist, über die Jesus sagt, daß sie kostbarer sei als alle Reichtümer dieser Welt, hilft er gern jedem neuen Christen, in seinem Glauben zu wachsen und ein echter Nachfolger Jesu zu werden.

Jüngerbetreuung nach dem Modell von Jesus Christus und Paulus

Jesus Christus hätte Seine ganze Zeit mit Evangelisieren verbringen können. Aber Er verbrachte viel Zeit damit, diejenigen, die Ihm am nächsten standen, vor allem die zwölf Jünger, zu lehren. Er sah diese Jüngerschaft als so wichtig an, daß Er sie auch in Seinem Missionsbefehl nannte: »... lehret sie alles halten, was ich euch befohlen habe« (Mt 28,20).

Der Apostel Paulus nahm dieses Gebot ernst. An die Kolosser schrieb er: »Den [Jesus Christus] verkündigen wir und ermahnen alle Menschen und lehren alle Menschen in aller Weisheit, damit wir einen jeden Menschen in Christus vollkommen machen« (Kol 1,28).

In seinem zweiten Brief an Timotheus rät Paulus: »Und was du gehört hast vor vielen Zeugen, das befiehl treuen Menschen an, die tüchtig sind, auch andere zu lehren« (2. Tim 2,2).

Das Prinzip der Multiplikation

Jesus legte zwar sehr viel Wert auf Evangelisation, und der Apostel Paulus folgte Seinem Beispiel und Seinen Anweisungen, aber sie blieben dabei nicht stehen. Sie betonten, wie wichtig es sei, neue Christen zu geistlichem Wachstum zu führen, damit sie (1) im Glauben stark werden, und (2) das, was sie gelernt haben, an andere weitergeben können. Evangelisation, Jüngerschaftsschulung und geistliche Multiplikation werden bei allem, was Jesus und der Apostel Paulus taten, deutlich, deshalb wuchs die frühe Christengemeinde auch so schnell.

Dasselbe Prinzip gilt auch heute noch. In den ersten Jahren meines Dienstes dachte ich viel darüber nach, ob ich mich ausschließlich auf die Evangelisation konzentrieren sollte oder beide Ziele, Evangelisation und Jüngerschaftsschulung, verfolgen sollte. Nach vielem Nachdenken und Beten erkannte ich, daß Gott mich dazu berufen hatte, beides zu tun. Und so arbeitete ich mit den Menschen, die durch meinen Dienst zum Glauben gekommen waren, sehr intensiv, um sie in ihrem Glauben weiterzuführen und sie darin zu unterweisen, auf andere zuzugehen und sie zu Jesus zu führen. Als sich unser Mitarbeiterkreis vergrößerte, blieben wir diesem Prinzip treu und legten auch weiterhin sowohl auf Evangelisation als auch auf Jüngerschaftsschulung sehr viel Wert.

Wenn ich heute zurückschaue, bin ich froh, daß ich mich so entschieden habe, denn bereits durch einfache Mathematik wird die Weisheit unseres Herrn, der Jüngerschaft für sehr wichtig hielt, deutlich. Wenn Sie jeden Tag einen Menschen zu Jesus führten und keiner von diesen irgendeinen anderen zum Herrn führte, dann hätten Sie nach fünfunddreißig Jahren ungefähr 13.000 Menschen für Jesus Christus gewonnen. Wenn Sie jedoch diese neuen Christen lehrten, selbst andere Menschen zu Jesus Christus zu führen, und diese das wiederum *ihre* Jünger lehren würden, dann gäbe es nach fünfunddreißig Jahren viele Millionen Christen mehr.

Aber das Leben läuft leider nicht immer ganz so reibungslos ab. Es ist oft nicht möglich, jeden, den Sie zu Jesus Christus geführt haben, persönlich zu betreuen. Und wie in dem Gleichnis vom Sämann fallen manche Menschen einfach ab; andere sind lau und gehorchen dem Befehl Jesu, das Evangelium allen Menschen zu bringen, einfach nicht.

Aber das Prinzip der Multiplikation macht deutlich, wie die Welt durch das Leben derer, die wahre Jünger sind, wirklich verändert werden kann.

»Nachbetreuung«: der erste Schritt

Mit »Nachbetreuung« werden die lebensnotwendigen ersten Schritte der Jüngerschaft beschrieben. Im Idealfall beginnt sie noch innerhalb des ersten Tages, nachdem sich ein Mensch für Jesus Christus entschieden hat. Sie wird entweder durch den, der ihn zum Glauben geführt hat, oder einen anderen Christen durchgeführt, der damit beauftragt wurde, diese Aufgabe zu übernehmen.

Die Aufgabe des älteren Christen bei der Nachbetreuung ist, den neuen Christen zu ermutigen, Fragen zu beantworten und ihn durch Gebet zu unterstützen; ihm zu helfen, die Führung Jesu in seinem Leben zu verstehen und sich ihr immer mehr unterzuordnen; ihn mit anderen Christen bekanntzumachen und ihm die Gemeinschaft eines Bibelkreises zu zeigen; und zu helfen, dieses

»Baby in Christus« durch regelmäßiges Bibellesen und Zeugnisgeben an ein normales christliches Leben zu gewöhnen.

Wenn die Entscheidung getroffen ist

Erklären Sie, daß Sie ihm noch mehr Informationen geben wollen, die ihm helfen, sein neues Leben zu beginnen. Ermutigen Sie ihn, das Heft »Gott persönlich kennenlernen« mit nach Hause zu nehmen und es an diesem Abend ein zweites Mal durchzulesen, um sich noch einmal Gottes Liebe und die Entscheidung, die er getroffen hat, bewußt zu machen. Bitten Sie ihn, beim nächsten Termin alle Fragen zu stellen, die ihn beschäftigen.

Wenn Sie weiter weg wohnen, dann bitten Sie, ihn anrufen zu dürfen, um zu hören, wie es ihm geht, und rufen Sie ihn am nächsten Tag an. Schreiben Sie noch einen mutmachenden Brief, und schicken Sie ihm zusammen mit dem Brief ein Exemplar von »Gewißheit im Glauben«, dem ersten der neun »Mitteilbaren Konzepte«, die einem neuen Christen helfen wollen, die ersten Schritte im Glauben zu gehen. (Die »Mitteilbaren Konzepte« und weiteres Material für die persönliche Evangelisation und Nachbetreuung erhalten Sie normalerweise in Ihrem christlichen Buchladen.

Das erste Treffen

Beim ersten Treffen (oder beim ersten Telefonanruf) sollte man betonen, daß Gott jetzt im Leben des neuen Christen etwas Entscheidendes tut. Folgendes sollte dabei angesprochen werden:

1. Fragen, die der neue Christ vielleicht hat.
2. Die Sache mit den Gefühlen. Gehen Sie noch einmal das Zug-Diagramm aus dem Heft mit ihm durch.
3. Heilsgewißheit. *Fragen Sie:* »In welcher Beziehung steht Jesus Christus jetzt in diesem Augenblick zu Ihnen?« Lesen Sie Offenbarung 3,20. *Fragen Sie:* »Wenn Sie heute nacht sterben würden, wüßten Sie dann ohne Zweifel, daß Sie zu Jesus kommen?« Lesen Sie 1. Johannes 5,11-13. *Fragen Sie:* »Wird Jesus Christus Sie jemals verlassen?« Lesen Sie Hebräer 13,5.
4. Gehen Sie die fünf Aussagen auf Seite 13 durch, schlagen Sie gemeinsam die Bibelstellen, die jeden der folgenden Punkte bekräftigen, nach und lesen Sie sie durch:
* Jesus Christus ist in Ihr Leben gekommen (Offb 3,20; Kol 1,27).
* Ihre Sünden sind Ihnen vergeben worden (Kol 1,14).
* Sie sind ein Kind Gottes geworden (Joh 1,12).
* Sie haben das ewige Leben bekommen (Joh 5,24).
* Sie haben das große Abenteuer begonnen, für das Gott Sie geschaffen hat (Joh 10,10; 2. Kor 5,17; 1. Thess 5,18).
5. Geben Sie Ihrem Freund ein Exemplar des »Mitteilbaren Konzeptes *Gewißheit im Glauben*«. Bitten Sie ihn, es in den nächsten zwei Tagen durchzulesen, und machen Sie einen Termin für ein weiteres Treffen (oder einen Telefonanruf) innerhalb der nächsten drei Tage aus. Sie könnten sagen: »Es ist wichtig, daß Sie Ihr Leben mit Gott richtig beginnen. Wären Sie damit einverstanden, wenn wir uns regelmäßig treffen, um miteinander in der Bibel zu lesen und darüber nachzudenken, was sie mit unserem Leben zu tun hat?«
6. Ermutigen Sie Ihren Freund, das Johannesevangelium morgens oder abends zu lesen. Erklären Sie ihm, daß

es ein historischer Bericht über das Leben Jesu ist, und zeigen Sie ihm, was Sein Leben für uns bedeutet.

7. Beten Sie zusammen; danken Sie dabei Gott für die Erlösung und das neue Leben, das Er dem neuen Christen geschenkt hat.

Das zweite Treffen

Soweit möglich, sollte ihr zweites Nachbetreuungsgespräch innerhalb von drei Tagen nach dem ersten stattfinden. Diese Häufigkeit am Anfang des Jüngerschaftsprozesses unterstützt das Wachstum des neuen Christen und hilft zu verhindern, daß Zweifel, Fragen und tägliche Probleme ihn überwältigen.

1. Beten Sie zusammen und bitten Sie Gott, Ihre gemeinsame Zeit zu segnen.
2. Fragen Sie ihn, ob er das Buch »Gewißheit im Glauben« gelesen hat. Beantworten Sie alle seine Fragen, gehen Sie dann die Fragen in dem Buch durch und helfen Sie ihm, seine Antworten in die dafür vorgesehenen Leerzeilen zu schreiben.
3. Finden Sie heraus, wie er beim Lesen des Johannesevangeliums vorankommt. Sie könnten ihn fragen: »Was sind die wichtigsten Erkenntnisse, die Sie beim Lesen entdeckt haben?« Wenn Sie einmal keine Antwort wissen, dann seien Sie ehrlich und sagen Sie es; versprechen Sie, ihm die Antwort so bald wie möglich zu geben. Ermutigen Sie ihn, weiterzulesen.
4. Geben Sie ihm das zweite Mitteilbare Konzept »*Gottes Liebe und Vergebung*«. Bitten Sie ihn, es durchzulesen und bis zum nächsten Treffen die Fragen selbst zu beantworten.

5. Laden Sie ihn für den nächsten Sonntag zu sich in die Gemeinde ein. Bieten Sie ihm an, ihn abzuholen, und laden Sie ihn danach nach Möglichkeit zum Essen ein. (Wenn Sie jemanden über eine weitere Entfernung hinweg betreuen, dann schicken Sie dem neuen Christen die empfohlenen »Mitteilbaren Konzepte« und sprechen Sie am Telefon kurz darüber. Ermutigen Sie ihn, Ihnen zu schreiben, wenn er weitere Fragen hat, und Ihnen regelmäßig zu berichten, wie es ihm geistlich geht. Machen Sie durch Ihren Pastor oder andere zuverlässige Quellen eine gute Gemeinde in der Nähe des neuen Christen aus und ermutigen Sie ihn, sie zu besuchen. Rufen Sie den Pastor dieser Gemeinde an und bitten Sie ihn, den neuen Christen für nächsten Sonntag einzuladen.)

6. Beten Sie zusammen und machen Sie einen Termin für Ihr nächstes Treffen in ungefähr einer Woche aus.

Die nächsten Treffen

Es gibt neun »Mitteilbare Konzepte«, und wir haben die Erfahrung gemacht, daß diese Serie neuen Christen sehr gut helfen kann. Bei Ihren nächsten Treffen könnten Sie einige der übrigen »Mitteilbaren Konzepte« besprechen:

* *Erfüllt vom Heiligen Geist*
* *Beständiges Leben im Heiligen Geist*
* *Wirksames Zeugnis*
* *Andere zu Jesus führen*
* *Mitarbeit am Missionsauftrag*
* *Andere durch Glauben lieben*
* *Wirksames Gebet*

Erstellen Sie sich immer einen Plan für das nächste Treffen und bereiten Sie sich darauf vor, aber achten Sie darauf, daß diese Nachbetreuungstreffen nicht so starr werden, daß Sie es versäumen, sich mit den Fragen und Problemen des neuen Christen zu befassen. Ihr Hauptziel ist, ihm zu helfen, einen Lebensstil der Liebe, des Glaubens, des Gehorsams und des Zeugnisgebens zu entwickeln.

Mit gutem Beispiel vorangehen

Lassen Sie Ihre persönliche Begeisterung für Gott und Sein Wort in Ihrem täglichen Leben sichtbar werden. Wir können nicht erwarten, daß andere die Bibel lesen, wenn wir sie nicht selbst lesen. Wir können nicht erwarten, daß sie andere zu Jesus führen, wenn sie nicht sehen, wie wir andere zu Jesus führen. Durch Ihr eigenes Beispiel können Sie praktisches Christsein vorleben: Sieg über widrige Umstände, Glaube in schwierigen Zeiten, einen christuszentrierten Lebensstil; und Liebe, Freude, Friede, Geduld, Freundlichkeit, Güte, Treue, Sanftmut und Selbstdisziplin.

Ganz offensichtlich können Sie es sich jedoch nicht leisten, auf ihre eigene innere Vollkommenheit zu warten, bevor Sie einen anderen Menschen anleiten. Seien Sie ehrlich und stehen Sie zu Ihren Schwächen und Kämpfen. Lassen Sie den anderen sehen, daß Sie »geistlich atmen«, wenn Sie versagen; bitten Sie ihn, mit Ihnen zu beten, wenn Sie Schwierigkeiten haben. Sie werden bald merken, daß Sie nicht nur mit gutem Beispiel vorangehen, sondern selbst zusammen mit dem neuen Christen wachsen.

Für den neuen Christen beten

Der Herr Jesus betete für Seine Jünger und für alle, die durch ihr Wort zum Glauben kommen, also auch für uns (Joh 17). Der Apostel Paulus betete auch für alle, die der Herr in seine Verantwortung gestellt hatte. Zum Beispiel schreibt er in Epheser 1,16-18:

»Ich höre nicht auf, zu danken für euch, und gedenke euer in meinem Gebet, daß der Gott unsres Herrn Jesus Christus, der Vater der Herrlichkeit, euch gebe den Geist der Weisheit und der Offenbarung, ihn zu erkennen. Und er gebe euch erleuchtete Augen des Herzens, damit ihr erkennt, zu welcher Hoffnung ihr von ihm berufen seid, wie reich die Herrlichkeit seines Erbes für die Heiligen ist.«

Beten Sie täglich für den neu zum Glauben Gekommenen.

Geistliches Wachstum

Wenn Sie sich weiterhin mit dem neuen Christen treffen, dann wird die Nachbetreuung zur Jüngerschaft, je mehr Sie mit ihm im Glauben vorwärtsgehen. Zu den Wahrheiten, die für christliches Wachstum nötig sind, gehören eine Reihe wichtiger Aspekte:
Vergewissern Sie sich, daß er Glaubensgewißheit hat. In Offenbarung 3,20, Hebräer 13,5 und 1. Johannes 5, 11-13 stehen die wesentlichen Verheißungen, die jeder neue Christ auswendig lernen sollte. Lesen Sie während der ersten Wochen diese Bibelstellen öfter mit ihm durch und wiederholen Sie die Fragen: (1) »In welcher Beziehung steht Jesus Christus jetzt in diesem Augenblick zu Ihnen? Woher wissen Sie das?« (Offb 3,20 und Hebr 13,5);

»Wenn Sie heute nacht sterben würden, was würde dann mit Ihnen passieren?« (1. Joh 5,11- 13).

Ermutigen Sie ihn, Jesus zum Herrn seines Lebens zu machen und lesen Sie dazu Römer 12,1-2, Galater 2,20 und ähnliche Bibelstellen. Der Mensch ist so geschaffen, daß wir keine Erfüllung finden, solange wir unsere Verantwortung vor Gott nicht anerkennen und Seinen Geboten nicht gehorchen. Betonen Sie, daß es keine fröhlichen, erfüllten, *ungehorsamen* Christen gibt. Dagegen gibt es keine wirklich *gehorsamen* Christen, die keine Freude erleben, unabhängig davon, wie die äußeren Umstände sein mögen.

Gehen Sie Ihrem Freund mit gutem Beispiel voran, unterweisen Sie ihn in Gottes Wort und bringen Sie ihn in Kontakt mit anderen gläubigen Männern und Frauen. Helfen Sie ihm, den Unterschied zwischen dem Lebensstil eines Nichtchristen, eines fleischlichen Christen und eines Menschen, der Jesus Christus zu seinem Herrn gemacht hat, zu erkennen.

Lehren Sie ihn, unter der Herrschaft und in der Macht des Heiligen Geistes zu leben. Einen christlichen Lebensstil zu verfolgen, ohne die Sendung des Heiligen Geistes richtig zu verstehen, führt nur zu Frustration, Gesetzlichkeit und Mißerfolgen.

Die befreiendste Wahrheit, die Sie dem neuen Christen lehren können, ist das Prinzip des »geistlichen Atmens«: geistlich ausatmen durch Sündenbekenntnis und geistlich einatmen durch Anerkennung der Herrschaft des Geistes Jesu Christi.

Helfen Sie ihm zu verstehen, wie wichtig es ist, regelmäßig in Gottes Wort zu lesen, darin zu forschen, es auswendig zu lernen und tagtäglich über seine Wahrheiten nachzusinnen. Die Bibel ist Gottes heiliges, inspiriertes Wort für den Menschen. Es ist unmöglich, ein reifer Jünger zu werden, ohne Gottes Wort zu verstehen. Helfen

Sie ihm zu erkennen, daß jedes geistliche und praktische Problem, dem er begegnet, direkt oder indirekt eine Antwort im Wort Gottes findet.

Zeigen Sie ihm, wie wichtig die Gemeinschaft mit Christen ist, vor allem durch die örtliche Gemeinde und durch einen Bibelkreis. Christen brauchen einander, um sich gegenseitig zu ermutigen, füreinander zu sorgen, voneinander zu lernen und füreinander verantwortlich zu sein. Erklären Sie ihm die Bedeutung der Taufe und einer verbindlichen Gemeinschaft von Gläubigen, in der die Liebe herrscht und Gottes Wort gepredigt wird. Jesus sagt im Missionsbefehl: »Gehet hin und machet zu Jüngern alle Völker: Taufet sie auf den Namen des Vaters und des Sohnes und des heiligen Geistes und lehret sie halten alles, was ich euch befohlen habe.«

Betonen Sie die Bedeutung der Liebe. Lesen Sie die großartigen Bibelstellen, die die Liebe hervorheben, vor allem 1. Korinther 13, und bitten Sie Gott, diese Liebe in Ihrem Leben für alle sichtbar werden zu lassen. Jesus ermahnt uns in Johannes 13,35: »Daran wird jedermann erkennen, daß ihr meine Jünger seid, wenn ihr Liebe untereinander habt.« Lesen Sie gemeinsam das Mitteilbare Konzept »*Andere durch Glauben lieben*«.

Lehren Sie dem neuen Christen alles, was Gott ihm anvertraut hat, gut zu verwalten. Wir dürfen nie vergessen, daß alles, was wir haben, ein Geschenk von Gott ist. Helfen Sie ihm, Gott damit zu ehren, wie er seinen Verstand, seinen Körper und seinen Geist sowie seine Zeit, seine Gaben und sein Geld einsetzt. Helfen Sie ihm, seine Zeit weise zu planen und zu nutzen; ermutigen Sie ihn, seine Fähigkeiten zu entwickeln und sie im Dienste des Herrn einzusetzen; und helfen Sie ihm, mit seinem Geld weise umzugehen.

Lehren Sie ihn, seinen Glauben an andere Menschen weiterzugeben, laden Sie ihn ein, Sie zu begleiten, wenn

Sie Zeugnis geben. Es genügt nicht, alle Methoden zu erklären; es genügt nicht, ihm zu zeigen, wie er mit »Gott persönlich kennenlernen« umgehen kann. Genauso, wie man Beten durch Beten lernt, lernt man Zeugnisgeben durch Zeugnisgeben. Zeigen Sie ihm, wie er ein dreiminütiges Zeugnis schreiben kann, und helfen Sie ihm dann, es auszufeilen und einzuüben. Wenn er Ihnen in zwei oder drei Situationen zugeschaut hat, wie Sie über Ihren Glauben an Jesus Christus sprechen, bitten Sie ihn, in der nächsten Situation selbst das Wort zu ergreifen.

Helfen Sie ihm, eine Vision für die Erfüllung des Missionsbefehls Jesu zu bekommen. Wenn der neue Christ zum Beispiel Student ist, dann überlegen Sie gemeinsam, wie er helfen kann, das Evangelium in den Seminaren, in Wohnheimen oder in anderen Bereichen an der Universität zu verkünden. Wenn er verheiratet ist, dann zeigen Sie ihm, wie die beiden Ehepartner die Ehepaare aus der Nachbarschaft für Jesus Christus gewinnen können. Wenn Sie einen Geschäftsmann betreuen, dann zeigen Sie ihm, wie er Bibelgesprächskreise und evangelistische Geschäftsessen veranstalten kann, um andere in der Geschäftswelt zu erreichen. Diese vielfältigen Verkündigungsformen wenden Christen, die durch die Liebe Jesu Christi getrieben werden, »die großartigste Nachricht, die je verkündet wurde«, weiterzusagen, jeden Tag erfolgreich an. Geben Sie dem neuen Christen nicht nur einen Blick für seinen persönlichen Einflußbereich, sondern helfen Sie ihm auch, seine Verantwortung, Menschen auf der ganzen Welt mit dem Evangelium zu erreichen, richtig zu verstehen (Apg 1,8).

Und wenn wir versagen?

Ich war oft bedrückt, wenn sich Menschen wieder von Jesus abgewandt haben. In diesen Augenblicken erinnert mich der Herr immer daran, daß Er für sie verantwortlich ist. Er erinnert mich an Jesu Gleichnis vom Sämann, welches uns lehrt, daß nicht aller Samen auf guten Boden fällt. Manche Menschen fallen vom Glauben ab. Das kann zwar enttäuschend sein, aber ich habe gelernt, Gott weiter zu vertrauen und mich bei meinen Bemühungen, Menschen für Jesus zu gewinnen und zu betreuen, nicht entmutigen zu lassen. Genauso wie das Ziel bei persönlicher Evangelisation darin besteht, die Initiative zu ergreifen und anderen in der Macht des Heiligen Geistes von Jesus Christus zu erzählen und Gott alles weitere zu überlassen, gilt:

Das Ziel bei der Nachbetreung besteht darin, die Initiative zu ergreifen und andere in der Macht des Heiligen Geistes zu Jüngern zu machen und Gott alles Weitere zu überlassen.

Nehmen Sie die Nachbetreuung und Jüngerschaftsschulung ernst – sie gehen Hand in Hand mit der persönlichen Evangelisation. Lassen Sie sich aber nie eine Gelegenheit, über Jesus Christus zu sprechen, entgehen, nur weil Sie sich nicht in der Lage fühlen, jemanden weiterzubetreuen – Sie können immer einen Pastor oder einen anderen Christen bitten, das für Sie zu übernehmen.

Wann immer Sie jedoch die Gelegenheit erhalten, einen neuen Christen zu betreuen und ihn zu einem Jünger zu machen, sollten Sie diese Chance nutzen. Sie helfen damit nicht nur einem Menschen, zu einem reifen Glied des Leibes Jesu zu werden, sondern Sie werden dabei auch selbst den Segen erfahren, Gottes auserwählter Arbeiter zu sein.

Zusammenfassung

* Es ist entscheidend, innerhalb eines Tages mit der Nachbetreuung eines neuen Christen zu beginnen.
* Wenn der Betreffende nicht in Ihrer Nähe wohnt, dann verpflichten Sie sich zu mehreren Telefonanrufen und/oder Briefen, die ihm helfen, als Christ zu wachsen. Verweisen Sie ihn an eine gute Gemeinde in seiner Gegend, schreiben Sie dem zuständigen Pastor und bitten Sie ihn, auf den neuen Christen zuzugehen und ihn zu den Gemeindeaktivitäten einzuladen.
* Nehmen Sie sich die Zeit, auf die Fragen und Probleme des neuen Christen einzugehen. Benutzen Sie die Mitteilbaren Konzepte und bitten Sie ihn, die Fragen darin schriftlich zu beantworten.
* Ermutigen Sie ihn, eine lebendige Gemeinde, in der Gottes Wort gepredigt wird, und einen Bibelkreis zu besuchen.
* Beten Sie täglich für diesen neuen Christen.
* Gehen Sie mit Ihrem eigenen, vom Heiligen Geist erfüllten Leben jeden Tag als gutes Beispiel voran.

Zum Nachdenken und Handeln

1. Wenn Sie Jesus Christus als Erwachsener angenommen haben, dann denken Sie an die Zeit Ihrer eigenen Bekehrung zurück. Welche Gedanken gingen Ihnen damals durch den Kopf? Wie haben Ihre Freunde und Angehörigen reagiert?
2. Gehen Sie in Ihren christlichen Buchladen und schauen Sie sich die »Mitteilbaren Konzepte« an. (Oder bestellen Sie sie direkt bei Campus für Christus.) Kaufen Sie mehrere Exemplare von *Gewißheit im Glauben* und *Gottes Liebe und Vergebung* und lesen Sie

sie für den späteren Gebrauch, d.h. um sie an andere, die Sie bei ihrem christlichen Wachstum fördern wollen, weiterzugeben.

3. Fallen Ihnen auf Anhieb Menschen ein, die neu zum Glauben gekommen sind (unabhängig davon, ob Sie sie zum Herrn geführt haben oder nicht) und die davon profitieren würden, wenn Sie bereit wären, sie weiterzuführen? Fragen Sie sie, ob sie sich mit Ihnen treffen wollen, um darüber zu sprechen. Wenn sie einverstanden sind, dann treffen Sie sich regelmäßig mit ihnen und wenden dabei die Konzepte aus diesem Kapitel an.

4. Gibt es jemanden, den Sie früher zu Jesus geführt oder nachbetreut haben, zu dem Sie aber den Kontakt verloren haben? Fragen Sie Gott, ob Er will, daß Sie die Initiative ergreifen, um wieder Kontakt zu ihm aufzunehmen, die Beziehung zu erneuern und möglicherweise die Nachbetreuung fortzusetzen.

5. Vergewissern Sie sich, daß Sie vom Heiligen Geist erfüllt sind. Achten Sie darauf, daß Ihre Motive dabei sind, den Herrn bei allem, was Sie tun, zu lieben und Ihm die Ehre zu geben.

Weiterführende Literatur, die Ihnen helfen wird, die Bibel besser zu verstehen und auf Fragen und Argumente zu antworten:

Antworten auf oft gestellte Fragen. (Campus)
McDowell, Josh: Bibel im Test. (Hänssler-Verlag)
Volkmann, Bodo: Wo ist Wahrheit? (Hänssler-Verlag)